阅读·时光
READING TIME

# DU CONTRAT SOCIAL

ROUSSEAU

启蒙运动三书

# 社会契约论

［法］卢梭 著 ｜ 袁浩 译

北京理工大学出版社
BEIJING INSTITUTE OF TECHNOLOGY PRESS

# 告读者

　　这本小论文是一部大部头作品的节录,曾自不量力地着手写过,很久以前就放弃了。在已经写出的这部分中可以提取出各种片段,其中这本是最长的,在我看来也是最不值得献给公众的。其余的部分已经找不到了。

# 目　录

## 卷　一

003 － 第一章
　　　第一卷的主旨

005 － 第二章
　　　论最初的社会

008 － 第三章
　　　论最强者的权利

010 － 第四章
　　　论奴隶制

016 － 第五章
　　　我们必须追溯到最早的一条契约

018 － 第六章
　　　论社会契约

| | | |
|---|---|---|
| 002 | 022 | 第七章<br>论主权者 |
| | 025 | 第八章<br>论公民状态 |
| | 027 | 第九章<br>论真实财产 |

# 目 录

## 卷 二　　003

- 033　第一章
  论主权的不可让渡
- 035　第二章
  论主权的不可分割
- 038　第三章
  普遍意志是否会出错
- 040　第四章
  论主权权力的界限
- 045　第五章
  论生杀大权
- 048　第六章
  论法律
- 052　第七章
  论立法者
- 057　第八章
  论人民
- 060　第九章
  论人民（续一）
- 063　第十章
  论人民（续二）
- 067　第十一章
  论立法体系的多样
- 070　第十二章
  法律的分类

## 卷 三

- 075 — 第一章
  政府总论
- 081 — 第二章
  论不同形式政府的组建原则
- 085 — 第三章
  政府的分类
- 087 — 第四章
  论民主制
- 090 — 第五章
  论贵族制
- 093 — 第六章
  论君主制
- 100 — 第七章
  论混合制
- 102 — 第八章
  无一政府形式适合所有国家
- 109 — 第九章
  好政府的特征
- 112 — 第十章
  论政府的职权滥用及其蜕化倾向
- 116 — 第十一章
  论政治体的消亡

| | | |
|---|---|---|
| 118 | — | 第十二章 |
| | | 主权权威如何保持 |
| 120 | — | 第十三章 |
| | | 主权权威如何保持（续一） |
| 122 | — | 第十四章 |
| | | 主权权威如何保持（续二） |
| 124 | — | 第十五章 |
| | | 论议员或代表 |
| 129 | — | 第十六章 |
| | | 政府的组建绝非契约 |
| 131 | — | 第十七章 |
| | | 论政府的组建 |
| 133 | — | 第十八章 |
| | | 防止政府篡权的方法 |

## 卷 四

- 139 — 第一章
  普遍意志的不可摧毁
- 142 — 第二章
  论投票
- 146 — 第三章
  论选举
- 149 — 第四章
  论古罗马民会
- 161 — 第五章
  论护民官制
- 164 — 第六章
  论独裁官制
- 168 — 第七章
  论监察官制
- 171 — 第八章
  论公民的宗教信仰
- 184 — 第九章
  结语
- 185 — 附　录
  卢梭生平年表

卷 一

我想努力去探究，在民事层面，是否有某种合法且有效的治理规则，从人本来的样子看待人，从法律能成为的样子看待法律。在这种探究中，我会不断地把法律许可的和利益规定的相结合，让公平和功利不再分离。

我就这样进入这个领域，也没有证明我所做之事的重要性。有人会问我是不是提出政治见解的统治者或立法者。我回答说不是，而且正因为我不是统治者或立法者，我才来谈论政治。如果我是统治者或立法者，我不会浪费时间去说该做什么——要不直接去做，要不我就闭嘴。

在一个自由国家，生为公民，同时也是主权者的一员，我在公共事务中发声，不管这种影响是多么微小，在公共事务中的表决权足以令我有责任去了解它们：幸运的是，每当我思索关于各种治理，我都会在我的探究中找到爱上我自己国家的治理的新理由。

# 第一章

## 第一卷的主旨

人生而自由，如今却处处背负枷锁，那些自认为是其他人主人的人，只会比其他人更像奴隶。这种变化是怎么来的？我不知道。什么东西能使这种变化合法化？我认为我能解答这个问题。

如果我只考虑力量及其所起的作用，我会认为："只要一个人被强迫顺从，他就会顺从，他做得对；一旦他感觉到能摆脱桎梏，他就会摆脱束缚，他做得更对。因为，一种权利剥夺了他的自由，又用同样的权利来掩盖自由，或者他有充分的理由夺回自由，又或者我们本不该夺走他的自由。"但是社会秩序是一项神圣的权利，是其他一切权利的基础。

004　然而,这项权利不是天生的,而是建立在契约之上的。重要的是了解这些契约是什么。在达到这一步之前,我要确认我刚提出的内容。

## 第二章

## 论最初的社会

在各种形态的社会中,最古老也是唯一天然的是家庭社会:不过子女和父亲保持联系的时间跟他们需要父亲的保护来生存的时间一样长。一旦不需要保护,这种天然联系也就随之解体。子女,免除他们对父亲的顺从;而父亲,则免除应该给予孩子的关心照料,所有的孩子都能获得独立。如果父子继续保持连接状态,那就不再自然,而是自愿;家庭本身仅因契约维持。

这种共有自由是人的天性带来的。它的第一法则是保证自己的生存,它首要关心是对自己负责;当他到了懂事的年龄,他独自选出合适的方式来保存自我,从那时起,他成了他自己的主人。

家庭,可以说是最早的政治社会模式:领袖是父亲的形象,人民是子女的形象；每个人生来平等和自由，出让自由仅为利益。一切不同在于，在家庭里，父亲对子女的爱补偿了他对子女的照料呵护；而在国家层面，操控的乐趣取代了这种领袖本该有的对人民的爱。

格劳秀斯否认一切人的权力的建立都要考虑到被统治的对象：他举出奴隶制这个例子。他最坚持的推论方式是权利的设定总是要基于事实[1]。人们可以使用更符合逻辑的方法，然而这种方法不会更有利于专制君主。

在格劳秀斯看来，值得怀疑的是全人类从属于这一百多个人，抑或这一百多个人从属于全人类。从他所有的作品中表现出来的似乎是他更倾向于前者：霍布斯也有同样的感受。就这样，人类被划分为如同一群群牲口，每群都有其领袖，头儿看管着他们，进而吃光他们。

牧人的种属高于他的牲口群，人类的带路人，作为人类的领袖，同样具有比普通人类更高级的种属。在菲隆的记载中，卡里古拉由此得到的推论是：国王都是上帝，或者说人民都是牲畜。

卡里古拉的推论在霍布斯和格劳秀斯那里重现。亚里士多德在他们之前就说过，人并非生而平等，有些人生而为奴，而另一些人生而为王。

亚里士多德说得不错，却把结果当作了原因。那些生于奴隶制中的人生而为奴，这一点确定无疑。奴隶在枷锁下失去一切，甚至失去了逃离的欲望；他们享受着奴役状态如同尤利西斯的同伴享受着他们的迟钝和愚笨²。如果说有天生的奴隶，那是因为先有反天生的奴隶。强权带来了最早的奴隶，而卑怯令他们永远是奴隶。

我完全没有提到国王亚当或皇帝诺亚，也就是三位伟大君主的父亲，他们共同统治世界，就像萨图恩的子孙那样，有人认为在他们身上可以辨认出。我希望人们能感谢我的节制；因为从这些统治者中的一员直系后裔，或者是长房的后代，我怎么知道若是通过核对封号来定，我就不会感觉自己是人类中合法的王？尽管如此，人们不能否认亚当曾经是世界的主权者，就像鲁滨孙是他的小岛之王，只要他是那里唯一的居民。在这个帝国中令人感觉舒服的是，君主稳坐于王位，不用担心叛乱、战争和谋反者。

1 | "对公法的艰深研究往往仅是有关古代流弊的历史，当我们劳神费力地进行了过度的研究时，这种固执是不合时宜的。"引自《关于法国同邻国的利益的手稿专论》，达让森侯爵先生著。而这恰好是格劳秀斯所做的。——原注，下同。
2 | 参看普鲁塔克的小专论《假如动物能运用理性》。

## 第三章

# 论最强者的权利

最强者从来不能保证强大到永远做主人，除非他把力量转化为权利，服从转化为义务。据此最强者的权利产生了；讽刺的是，权利表面上是夺取的，实际上是按照原则确立的。为什么从来没有人跟我们解释这个词？力量是一种有形的力；我看不出它的效力能产生何种道德。让步于力量是一种必须进行的行为，而非出于意愿；充其量是一种谨慎行事。这从何种意义上说它是一项义务呢？

让我们来临时假设这种所谓的权利。我认为由此只会产生一些无法解释的混乱难懂的话；因为，力量一旦产生权利，效用就会随着动机改变：任何超越第一位力量的力量就能接替它的权利。一旦有人不服从而未受处罚，这种不服从就会被合法化；由于最强者总是对的，那重要的则是所做一切都是让自己成为最强者。然而，随着力量中止而消亡的权利又是怎样的一种权利？如果要屈从于力量，可没必要屈从于义务；如果人们的顺从不再是被迫，也就没有义务去顺从。人们意识到权利这个词没有给力量增添任何东西；它在这无任何意义。

顺从于权力。如果这意味着：屈服于强力，这条告诫虽好却显得多余；我会说告诫永远不会被违背。一切权力来自上帝，这点我承认；但一切疾病也是：那是不是说要禁止找医生？我在森林一角突然撞见一个强盗，不仅要迫于强力交出钱财；可如果我可以藏起钱财，我是不是就要凭良心被迫交出来呢？因为，说到底，他拿着的枪也是一种权力。

我们由此断定，力量不会带来权利，人们只有义务服从合法的权力。而我最初的问题重新被提了出来。

第四章

论奴隶制

由于任何人都没有对同类的天然权威,力量也不带来任何权利,那么作为人与人之间的一切合法权威基础的各种契约便保留了下来。

格劳秀斯说,如果一个人能出让他的自由,成为一个主人的奴隶,那人民又怎么不能出让他们的自由,成为国王的臣民呢?这句话中有些含混不清的词或许得说明一下;我们就只看"出让"一词,出让即送或买。然而,一个人成为另一个人的奴隶,不是送出;至少是为了生计而卖身;可人民为什么要出卖自己呢?一个国王远远满足不了其臣民的生计,他榨取臣民以满足自己;在拉伯雷看来,一个国王是不可能过俭朴生活的。臣民交出了身家性命，还要以拿走他们的家当为条件？我看不出他们还有什么能保存下去的。

人们说专制君主能保证公民的安定；即便如此：他们在这种安宁中又得到了什么呢，如果野心引来战争，如果贪欲难以满足，如果官吏的欺压比人民之间的纠纷带来更多的折磨？他们得到了什么，如果这种安宁本身就是他们的一种不幸呢？人们安静地生活在黑牢中：这样就感觉很好了吗？希腊人被关在独眼巨人的洞穴里，平稳地生活着，等待着自己被吃掉了那一刻的到来。

在谈一个人无偿献身时，就像谈一件荒诞难解的事；这种不合理且毫无意义的行为，通过这一件事就可以看出做出这一行为的人是丧失理性的。说全国人民也都在做同样的事，那就是假定这是一群没有理智的人；疯狂产生不了权利。

当人人出让自我，也不能出让自己的孩子；孩子生而为人，生而自由；自由为他们所有，任何人无权支配，除了他们自己。在他们到理性年纪之前，父亲，以他们的名义，规定各种条件来保护他们，保证吃好穿暖，却不能随意和无条件地把他们送给他人；因为这种行为是违背常情的，超出了父亲的权利。为了让一个专制的政府合法化，世世代代的人民要有接受和拒绝这个政府的权力；这样政府就不再是专断的了。

放弃了自由，意味着放弃了人的资质，放弃了人的权利甚至是义务。对于放弃这一切的人而言，没有什么能够补偿；这种放弃行为是不合人性的；当意志中的自由被剥夺，行为中的道德也就被夺走了。这是无效而且矛盾的契约，因为在规定绝对权威的同时，又规定了无限服从。对一个我们有权向他要求一切的人，我们不受其任何约束，这难道不清楚？这既不等价又没有交换的唯一条件，难道不会导致契约的失效？因为，我的奴隶有什么权利反对我，要知道他的一切都属于我，他的权利就是我的权利，这属于我的权利来反我，这说法没有任何意义？

格劳秀斯和另一些人从战争中提炼出关于所谓奴役权另一种来源。在他们看来，胜利者有权处死战败者，战败者则可用自由赎命；兼顾了双方的利益，契约越显合法。

可明显的是，这种所谓处死战败者的权利从任何意义上都不能说是战争状态带来的。唯独通过这一点，人在最初的独立状态下，人与人之间没有足够恒定的关系去构成和平状态抑或战争状态，他们绝不是天生的敌人。是事物间的关系而不是人之间的关系形成战争；战争状态不会只会产生于简单的私人关系中，但只产生于实物关系中，私人战争或者人与人之间的战争既不会存在于自然状态，那里没有恒定的财产，也不会存在于社会状态中，那里一切都置于法的权威之下。

人与人之间打架、决斗、交锋，这些行为都不会构成一种状态；而关于私人战争，得到了法兰西国王路易九世政府的允许，却因上帝的和平而中断，这是封建政府的滥用职权，一个荒诞的体系，如果它曾经存在，也是有悖于自然权力的原则和完美无缺的政体。

因此战争不是一种人与人的关系，而是国与国的关系，在战争中，人与人很偶然的情况下才会是敌人，这个时候不是作为人，也不是作为公民¹，而是作为士兵；他们不是祖国的成员，而是祖国的保卫者。总之，既然人们无法在不同特性的事物间确定任何真正的关系，每个国家就只能以其他国家为敌，而不能以他们的国民为敌人。

这条原则适用于每个时代所建立的行为道德准则，也适用于所有文明民族的一贯实践。宣战对统治者的警告意味比对其臣民要弱。外国人，国王也好，老百姓也好，人民也好，无论是偷盗抢劫还是杀人放火，还是囚禁臣民，也不向统治者宣战，这不是敌人，这是土匪。即使在战争期间，在敌国，一个正直的统治者正好乘机夺取敌国的所有公有物；然而他尊重每一个人的生命和财物；他尊重他们的权力，因为他的权力建立在这些人的权力之上。战争的目的是消灭敌国，我们有权处死敌国的保卫者，当他们拿着武器的时候；可一旦他们放下武器举手投降，就不再是敌人或敌国的工具，他们只是重新变回人，我们不再有权决定他们的生死。有时候，我们能一人不杀地灭掉一个国家；然而战争不会带来非战争目的所必需的任何权利。这些原则并非是格劳秀斯的原则；它们也不是建立在诗人的权威之上，而是由事物的天性产生，建立在理性之上。

至于征服权，它没有其他依据除了最强者的权势。如果战争不能赋予胜利者屠杀战败的民众的权利，他所不具备的这种权利就不能为奴役战败民众的权利提供依据。当我们无法奴役敌人,我们才能有权杀死他们;奴役敌人的权利并非来自杀死敌人的权利:让他们用自由来换取生命,这是极不公正的交易,对他们的生命,人们没有任何权利。在奴役权的基础上形成生杀大权,在生杀大权基础上又形成奴役权,我们难道不是陷入恶性循环?

即使假定这可怕的杀死一切人的权力,我觉得一个在战争中形成的奴隶,或者是被征服的民众,对他的主人没有任何义务,除了被迫服从。胜利者夺取了等同于奴隶生命的东西,不会给奴隶一点点恩泽:他不要杀得毫无用处,而要杀得有利用价值。他在奴隶身上获取不到任何依附于力量的权威,战争状态如以往一样继续在他们中间存在,他们的关系本身就是战争的结果;战争权的使用不以任何和约为前提。他们曾订立过一项契约;即使有过,这种契约远非消灭战争状态,只意味着战争的延续。

因此,无论我们从哪方面考察,奴役权都是无效的,不仅因为它不合法,还因为它荒诞且毫无意义。奴隶和权力,这两个词是矛盾的;它们相互排斥。要不一个人对一个人,要不一个人对所有人,这一言论都同样荒谬:"我跟你订立一个契约,责任全归你,利益全归我,我想遵守多久就多久,我想让你遵守多久你就要遵守多久。"

1 | 罗马人比世界上其他民族更精通、遵守战争法，在这一点上过于严苛，不允许公民作为志愿兵，除非明文规定地对抗敌人和指名道姓地对抗某个敌人而雇佣。当小加图第一次参战所在的兵团在波皮留斯手下重新组建时，老加图写信给波皮留斯说，如果他想让小加图继续在他麾下作战，他必须重新进行一个新的军事宣誓，因为第一个誓言作废，他不能再拿起武器对抗敌人了。同时老加图写信给小加图要避免不发新誓就作战。我知道有人会用克鲁修姆围城和其他一些特殊事件反驳我，而我说的是法律条文和习俗。罗马人是违反法律最少的民族，他们也是唯一拥有完美法律的民族。

第五章
# 我们必须追溯到最早的一条契约

直到现在,当我开始接受我所驳斥的观点,专制政府的支持者也没有得到更多好处。在使民众服从和统治社会之间总是存在着巨大的差异。分散的民众接连被唯一的人所奴役,无论这个人的人数是多少,在我眼里只有一个主人和一群奴隶,我看不到人民和他们的领袖:如果我们愿意的话,这是聚集,而不是结合;这里没有公共利益,也没有政治体。这个人,即使奴役了半个世界,他也只是单一的个体;他的利益脱离了他人的利益,就永远只是私利。如果此人最终死亡,他的帝国,在他之后,四分五裂,没有任何联系,好比一棵橡树解体,被火烧着,直到成为一堆灰烬。

格劳秀斯说,人民会将自己献给国王。据格劳秀斯看来,人民在献身给国王之前已经是真正的人民了。这种自我献身是一种公民契约;它必须以共同商议为前提。在审视国民选举国王的过程之前,有必要审视这种能体现人民之所以为人民的契约兴许是必要的;因为这种契约,必须在前一个契约之前,是社会的真正基础。

事实上,如果没有任何先前约定,除非选举是全体一致的,不然少数必须服从多数的这种必须体现在哪里?想投某一个人的那一百个人从哪里获得权利为不想投这个人的另外十个人投票呢?多数人参与投票的法则本身就是一种约定的建立,假定至少要有一次以全体一致通过。

## 第六章

# 论社会契约

我假定人类能达到这种程度,在这种程度下,自然状态下妨害他们生存的阻碍通过阻力压倒了每个人使自己保持在这种状态之下所能使用的力量。这种初始状态不能持续下去;若不改变生存的方式,人类就会灭亡。

然而,由于人类不能产生新的力量,只能结合和引导现存的力量,他们没有其他方法,为了生存下去,只能通过聚合的方式形成一股能压倒阻力的力量,只能通过唯一的动力来使力量发挥作用,让这些力量共同起作用。

这股巨大的力量只会产生于多股力量的聚集;每个人的力量和自由是其生存的最基本要素,他们如何投入这些要素,能避免伤害到自己的同时，不忘对自己的关怀照料？这一困难，重新出现在我的议题中，可以简述如下：

"找到一种组合形式，能捍卫每个结合者的身体和财产使之不受共同力量的损害，通过这种形式，每个人与所有人结合在一起，只服从于他自己，和以前一样保持自由。"社会契约就为这一根本问题提供了解决方案。

这个契约的条款就这样由契约的特性所确定。哪怕是最小的一处改动都会让契约失效作废；因此，虽然条款可能从没有正式宣布，但是它们在任何地方都是一样的，在任何地方都心照不宣地被接纳被承认，直到社会契约被破坏，每个人恢复最初的权利，重获天生的自由，而失去约定的自由，曾经他们为了得到后者而放弃了前者。

这些条款，当然可归结于一条，那就是：每一个结合者将其所有权力全面出让于整个群体。因为，首先，每个人整个地献出自己，条件对所有人都一样；既然条件对所有人都一样，那么没有谁会有兴趣让条件变得使其他人难受。

另外，作为毫无保留的出让，联合体也表现得尽善尽美，每个结合者再也没有什么要求的了：因为，如果在某些人那里还保存有若干权利，没有一个共同的上级能在他们中间做出决定，每一位公众，从某个角度上说，是他们自己的审判者，很快会打算让自己成为所有人的审判者；天然状态继续存在，结合必然变成专制或无效。

最终，每个人献身给所有人的结果却是没有献身给任何人；由于没有一个这样的结合者，我们在他那里获取的权力也是我们出让给他的我们这里的权力，我们获得了我们所失去的一切的等价物，以及更大的力量去保存我们目前所享有的。

如果我们把社会契约中不属于其本质的那部分剔除掉，我们会发现它可归结于以下说法："我们每个人将我们的身体和所有力量共同置于普遍意志的最高领导之下；我们在共同体中接受每个成员作为我们整体不可分割的一部分。"

很快，这种结合行为产生的不是每个订立契约者的个人，而是道德和集体的共同体，由构成共同体的众多成员能在大会上表决，这个共同体还能从这种结合行为中获得团结一致、共同自我、生命还有意志。这个公共人，通过联合其他人而形成，曾被称为"城邦[1]"，现在则称"共和国"或者"政治体"；若它被动消极，它的成员称其为国家；若它积极活跃，它的成员称其为主权者；若与其同类相较，则称为政权。关于结合者，他们整体采用"人民"这个称谓，个人若是参与主权权威则称为"公民"，服从于国家法律则称为"臣民"。可是这些概念经常被混淆，把一个词当作另一个词使用；其实只需要在它们被明确使用的时候能区分开就够了。

1　这个词的真正含义在现代人中几乎完全被抹去；大部分人把一个城市当作城邦，把平民当作公民，却不知道房屋构成的是城市，公民构成的才是城邦。迦太基人过去为同样的错误付出过沉重的代价。我从来没有在书中看到有哪个统治者的臣民被赐予公民的身份，连昔日的马其顿人、今日的英国人也不例外，尽管后者比其他民族更接近自由。唯有法国人随便地使用公民一词，因为他们没有真正明白这个词，就像可以在字典上看到的一样，否则，他们会因侵占公民一词而犯亵渎君主罪；在他们看来，公民一词体现了一种美德而非权利。博丹曾在打算谈论公民和平民时，因疏忽出了差错，把公民当作了平民、平民当作了公民。达朗贝尔避免了出错，在他编纂的"日内瓦"词条下，清楚地区分了在我们的城市里的人的四个等级（算上纯粹的外国人就是五个等级），其中只有两个等级的人构成了共和国。据我所知，任何其他法国作家都没有明白"公民"一词的真正含义。

第七章

论主权者

人们通过这种方式发现，结合行为含有一种公众和个人间的相互约束，每个个体，可以说也是和自己签订契约，受双重关系的束缚：即对于所有个体，他是主权者的一员，而对于主权者，他是国家的一员。但是我们在此不能运用民法准则，无人需要遵守自己对自己订立的契约；因为在面对自己承担义务和面对一个我们所属的整体承担义务是完全不同的。

还要注意到共同商议会强迫所有臣民顺从统治者是因为两种不同的关系，在两种关系下，每个被考虑到的臣民不会违背情理，强迫主权者顺从他，因此，让主权者强迫自己遵守他不能触犯的法律，这是违背政治体的天性。只能以唯一的同一种关系来考虑自己，就每个个体而言都是和自己订立契约；我们由此发现，没有也不可能有哪种基本法律是人民体必须遵行的，哪怕是社会契约本身。这并不是说明这种人民体完全不能与他人订立契约，在完全不损害契约的条件下；因为，对于外国，他变成一个纯粹的人，一个个体。

可是，政治体或主权者，只能从神圣的契约中抽象出本质，就算是对他人也绝不承担那些违背最初契约的义务，比如出让自己的那一份，或者服从另一位主权者。一个人违背了他所依赖而生存的契约，他自己会消失；什么都不是的人是产生不出任何东西的。

当这一大群人就这样集合成一个整体的时候，别人侵犯其中一个成员就会损害到整体，哪怕对身体的很小的侵犯，其成员都不会不受到影响。义务和权益要求契约订立双方互帮互助；在这双重关系下，双方要努力聚合一切跟这关系相关的利益。

然而，主权者只能由这些组成主权者的个体构成，于是主权者没有也不可能有跟他们相反的利益；结果，主权者没有任何必要对臣民做出保证，因为共同体绝无可能要去损害它的成员；之后我们会看到共同体也不会损害单个个体。就因为这一点，主权者就呈现出他应该具有的样子，而且一直会这样。

但是，臣民对主权者的关系却不是如此，尽管有共同利益，如果主权者找不到能保证他们忠诚的方法，也就没有什么能保证他们践约。

事实上，每个作为人的个体，有一种与普遍意志相反或者不同的个别意志，这种普遍意志是其作为公民所有的；他的个人利益对他说的话完全不同于公共利益；他的绝对存在，自然而然地呈独立状，让他可以面对他对公共事业所负有的责任当作一种无偿的贡献，抛弃责任给别人带来的损害远小于履行责任给他带来的负担；把构成国家的法人看作是一个理性的人，因为他并不是真正的人，他享有公民的各种权利却不想履行作为臣民的各项义务；一点一点累积的不公正将会破坏整个政治体。

为了社会契约不再作为无效的表格，他默示地包含了这种约束，只有这种约束才可以令其他约束有力量，任何拒不服从普遍意志的人，会在共同体的迫使下服从；这意味着如果我们强迫他自由，因为就是这个条件使祖国有了公民，使公民免于人身依附，条件还产生了政治机器的诡计和花招，是唯一让社会契约合法化的，若没有这个条件，社会契约将会变得荒谬专制，变得易受到更多的滥用。

## 第八章
## 论公民状态

　　从自然状态到公民状态的转变在人身上产生了显著的变化，在他的行为中用正义代替了本能，赋予行为以之前不曾有的道德性。只有当义务的呼声接替了生理的冲动，权利接替欲望，人，直到那时才注意他自己，发现不得不按照其他的原则行事，倾听爱好之前先听从埋智的支配。尽管在这种状态下他丧失了从自然中获得的好多利益，他从这里重新获得的更多，他的能力得到锻炼发展，他的见解扩充了，他的情感高尚起来，他整个灵魂上升到了如此高度，以至于如果不是对这种新条件的滥用使其堕落到经常低于他摆脱的这种条件，他要不停地感谢幸福的瞬间，这幸福的瞬间将他永远地拉离自然状态，从迟钝而愚笨的蠢货成为一个聪明家伙,一个真正的人。

让我们来把这种平衡归纳为一些容易进行比较的说法:人因社会契约而失去的东西,是他的天然自由和一种无限权利,这种权利针对一切想诱惑他并且能得到的东西;他获得的则是公民自由和他目前拥有的一切的所有权。为了在这些弥补中不出错,需要明确区分天然自由和公民自由,前者只以个人力量为限,后者以普遍意志为限;占有,只是力量或者先占者权利产生的结果,而所有权,它只能建立在有实效的契据上。

除上所述,我们可以把道德自由加入到公民状态的社会实利中去,只有这种自由让人真正成为自己的主人;因为唯一的欲望冲动是被奴役,唯有服从自己规定给自己的法律才是自由。在这一点上,我已经说得够多了,自由一词的哲学意义在此并非属于我的论题。

## 第九章
## 论真实财产

团体中的每一位成员在团体形成之时都献身于团体,这就是每位成员现在的感觉,其本身和他所有的力量,还有它所占有的财产都成为团体的一部分。这不是表明通过这次行为占有权转手易主而发生性质的改变,成为主权者手中的所有权;但是由于城邦的力量远比个人力量大,公共占有虽不是更合法,事实上同样更强大,更无法改变,至少对外国人而言:因为,在国家的成员看来,国家通过在国家内部作为所有权利的基础的社会契约,成为所有财产的主人,不过在其他大国看来,国家是通过从那些个体中获得先占者权利成为所有财产的主人的。

先占者权利,尽管比最强者的权利更真实,变成真正的权利的时间却是在所有权确立之后。所有人必然享有一切为其所需的东西；有实效的契约让人成为某一财产的所有者，也将他排除在其他财产的所有权之外。他那一份已经分好了，他只能限于自己这一份，对团体再没有任何更多的权利。这就是为什么先占者权利在自然状态下如此弱小，却受到全体公民的一致尊重。在这种权利中，与其说我们尊重的是属于他人的东西，不如说是尊重不属于我们的东西。

一般来说，为了使先占者权利在任意一块土地都能合法使用，需要下列条件：第一，这块土地还未有人居住；第二，只占有能足够继续生存所需的数量；第三，占有它，不是通过一个无效的仪式，而是通过劳动和耕种，在缺少法律凭证时，所有权受到他人的尊重的唯一特征。

事实上，把先占者权利授予需要和劳动，这难道不是这种权利延伸到它能达到的最远地方？难道就不能给这种权利设限？把踏上一块土地然后自称这块地的主人就够了吗？有力量暂时从土地上排赶走其他人，就足以剥夺他们永不再回来的权利了吗？一个人或全体人民能占领一片广袤的土地，通过应受惩罚的篡夺来剥夺所有人的权利，因为侵占行为剥夺了剩下所有人自然赋予他们所共有的住所和食物？当努涅兹·巴尔博在河岸以卡斯蒂利亚王国的名义占领南部海和整个南美，难道这足以剥夺当地所有居民的土地并把全世界的君主排除在外？有了这个根基，这些仪式变得相当烦琐却徒劳；天主教国王突然需要支配整个世界，有可能接下来利用自己的威望割去曾经被其他统治者占据的那些土地。

我们可以想象，合并而毗连的个人土地如何变成共有土地，主权权利如何从臣民扩展到他们所占据的土地，具有了物权与人权的双重属性；这使土地所有者更依附于土地，也把他们的力量本身变成他们忠诚的保证；古代君王并没有很好地感觉到这种好处，被称为波斯人的国王、斯基泰人的国王、马其顿人的国王，似乎自认为是众人的领袖，而不是国家的主人。如今这些国王被机智地称作法兰西国王、西班牙国王、英格兰国王，不一而足；掌握了土地，他们就掌握了土地上的居民。

在这种出让中，有点很奇怪，团体在接受个体的财产时，远非剥夺他们的财产，只是保证他们对财产的合法拥有，把侵占换成一种真正的权利，把享有变成所有权。于是占有者通过有利于公众更有利于他们自己的让与，被认为是公共财产的保管人，他们的权利受到所有国家成员的尊重，国家举其全力维护这种权利来对抗外敌，可以说，他们获得的一切全是他献出去的：这悖论很容易解释，只需区别主权者和所有者拥有的在同一片土地上的不同权利，我们将在下文中看到这点。

在什么都没占有前，人与人之间的结合就已经开始了的情况也可能发生，随后人们占领一块足够他们维持生计的土地，他们共同享用，或者把土地平分给每个人，或者根据统治者规定的比例分配。无论这次获得采取的是何种方式，建立在每个人自己的那块土地上的权利总是从属于整个团体所具有的建立在所有人基础上的权利；没有这种权利，既不再有社会连接中的团结一致，主权行使中也不再有真正的力量。

我用一条评注来结束本章及本卷，这条评注应该作为整个社会体系的基础：基本契约并不是摧毁了天然平等，恰恰相反，是用合情合理的道德平等代替了之前自然因人与人之间的身体不平等而产生的诸如力量或者天资上的不平等，他们通过契约和权利而变平等了[1]。

---

[1] 在糟糕的治理下，这种平等是表面的、虚幻的，它只会用来让穷人继续生活在悲惨中，让富人继续侵占窃取。事实上，法律总是有利于支配法律的人而有害于一无所有的人。由此得出，社会状况在每个人都拥有一点而任何人又没有多余的时候是合适的。

卷 二

# 第一章
## 论主权的不可让渡

如前所建立的原则的最早和最重要的结果是唯有普遍意志能根据国家建立的目的，即公共利益，来领导国家的各种力量；因为，如果个人利益的对立使社会的建立成为必要的话，那同样的个人利益的一致使这种建立成为可能。正是在这些不同利益中的共同部分形成了社会联系；如果所有这些利益没有达成某些一致的话，任何社会都不可能存在。然而，仅仅是在这个共同利益上社会需要被治理。

所以我才说主权不过是普遍意志的行使，永远不可让与，而主权者只不过是一个共同体，只能被他本人代表；权力可以被传递，意志则不行。

实际上，个人意志在某一点和普遍意志达成意志并非不可能，让这种一致持久且恒定无论如何是不可能的；因为个人意志生来以个人偏好为目的，而普遍意志以平等为目的。更不可能的是，人们想保证这种一致，即使它应该一直存在；这可能不是人为的结果，而是巧合的结果。主权者会说："现在我想要的就是某个人他想要的，至少是他说的话中所期望的"；可他不会说："这个人明天想要的，也是我想要的"，因为意志使自身被将来束缚，这很荒诞，因为对任何违背期望者利益的事情的赞同不取决于任何意志。如果就这样人民老老实实地答应服从，他们会因这一举动而消亡，他们失去了人民的资质；在出现一位主人的那一刻，就再没有主权者了，从那时起政治体也被摧毁了。

这并不是表明领袖的命令，当主权者能自主决定对其反抗而没有反抗时，不能成为普遍意志。同样地，从全体沉默中能推测出人民的同意。这将在下文中详细说明。

## 第二章
## 论主权的不可分割

同主权不可让渡的理由一样,主权也不可分割;因为意志是普遍的[1],或者不是;意志是整个人民体的意志,或者只是部分人民体的意志。前一种情况,这种已表明的意志是一种主权行为并成为法律;后一种情况,只是个人意志,或者一种行政官员行为;至多是条法令。

但是,我们的政治家们并不能从其原则下划分主权,便从对象上划分:政治家把主权分成力量和意志;立法权和执法权;课税权、司法权、战争权;内政权和外交权。他们时而把这些混在一起,时而分开。他们把主权者变成由各种嵌件构成的怪人;好比他们用几个人的肢体凑成一个人,这里面一个有眼睛,一个有手臂，一个有脚，再没有别的部分。听说日本江湖郎中，在观众面前将一个小孩切成碎块；然后一块一块地抛向上空，落下来的却是一个活生生的小孩，每块都完好复原。我们政治家的魔术杯的花招就好比如此；用一种不愧为集市般的幻境将社会体肢解后，又不知怎样地将这些片段组合在一起。

这个错误源自主权权威的准确概念没有形成，主权权威的产物被当作这种权威的一部分。这就好比，我们曾把宣战行为和媾和行为看作是主权行为；并不是因为这几种行为都不是法律，而只是法律的实施，一种个人行为决定法律的案例，对法律一词的理解明确后，我们能更清楚地了解这个案例。

再关注其他的划分，我们会发现，每次认为看到了主权被分，每次都弄错了；被我们当作主权一部分的各种权利都是从属于主权，必须以这些权利的最高意志为前提，权利只是执行最高意志。

当政治权利的制定者想以他们建立的原则来评判国王和人民各自的权利时，我们没法说这种精确度的不足会对他们的各种决议带来了多少晦涩难懂。每个人都会看到，在格劳秀斯第一卷的第三章和第四章里，这位博学者和他的译者巴贝拉克相互纠缠，在他们的诡辩中感到迷惑，担心把自己的见解说得太多或太少，以致违背他们需要达成一致的利益。格劳秀斯对祖国不满，避难到法国，想讨好路易十三，把自己写的书献给他，不惜一切剥夺人民一切权利，用尽一切手段把这些权利赋予国王。这也曾是巴贝拉克的趣味，他把他的译作献给英格兰国王乔治一世。可不幸的是，詹姆斯二世对他的驱逐，他称为让位，使他态度谨慎，使他躲躲闪闪含糊其辞，避免把威廉变成篡位者。如果这两位作家当时采取了最合适的原则，那么一切困难就消除了，他们就会是始终不渝了；他们本该伤心地说出实话，本该去讨好人民。然而，实话并不能带来财富，人民给不了大使职务、教授讲坛、高额年薪。

1 | 为了让一个意志成为普遍意志，并不总需要全体一致，但是需要所有的选票都要计入；一切形式上的排除在外都会破坏一般性。

## 第三章

## 普遍意志是否会出错

由上所述可以得出，普遍意志总是公正的，总是以公共利益为目的；但并不能确保人民的决议总是正确的。人总想获得自己的好处，却并不总能看到好处；人民从来不受腐蚀，却常常被欺骗，只有在这个时候他们才愿意要那些不好的东西。

在所有人的意志和普遍意志之间常常有些不同；后者只考虑共同利益；前者考虑私利，只是一堆个人意志的总和；从这些个人意志中去除互相抵消的最大量和最小量[1]，剩下的是有差值总和的普遍意志。

如果，当人民充分了解情况并进行商议，先前市民之间没有进行任何交流，大量的小差异总能产生普遍意志，决议总会是令人满意的。但是当人民结成党派，形成靠大集团养活的部分团体，每一个这种团体中的意志对其成员而言就变成了普遍意志，而对国家而言就变成了个人意志；可以这样说，投票者不会跟全民人数一样多，但至少跟团体数量一样多。分歧没有那么多了，却产生了一个不太普遍的结果。最后，当这其中一个团体大到压倒其他所有团体的时候，作为结果，你们获得的不是很多小差异的总和，而是唯一的一个差异；就这样不再有普遍意志，占上风的意见只不过是一个个别意见。

为了普遍意志得到恰当陈述，重要的是在国家内部不能有社会团体，每个市民只发表他自己的意见[2]；伟大的来库古的独一无二的卓越制度就是如此。如果存在社会团体，那要增加它的数量，防止不平等从中产生，就像梭伦、努马、塞尔维乌斯他们那样做。这些预防措施是让普遍意志永远光彩夺目及让人们避免犯错的唯一有效方法。

---

1 | 每个利益，达让森侯爵说道，都具有不同的原则。两个个别利益的协调一致是在与第三个利益的对比中形成的。如果没有不同利益，共同利益因找不到障碍而勉强被感觉到：一切不言自明，政治也就不再是门艺术。
2 | 马基雅维利说："不错，有些分歧确实使共和国受到损害，但另一些分歧却对共和国有利。当分歧伴有党派斗争时，它就会危害国家；但当分歧并不夹有党派之争时，则将促使国家繁荣。既然不可能防止产生分歧，那么，一个共和国的立法者至少应当防止派别滋生。"——《佛罗伦萨史》第七卷

## 第四章
## 论主权权力的界限

如果国家或城邦只体现为一个法人，它的生命由成员结合而成，如果它最重要的照料就是它自己的维持保养，它就需要一种全体的强制性的力量，用最适合于所有人的方式来驱动和安排每一个部分。既然大自然赋予每个人对其身体各部分的绝对权力，社会契约赋予政治体对其成员的绝对权力；这相同的权力，当由普遍意志引导时，就像我说过的，获得了主权之名。

但是，除了公共人之外，我们还要考虑到组成公共人的那些私人，私人生命和自由自然而然独立于公共人。关键在于区分公民和统治者的权利[1]，前者从臣民属性看要完成应尽的义务，从人的属性看要享有自然权利。

我们承认每个人通过社会契约让与的权力、财产、自由，这些只是一部分，所有这些的应用对共同体具有重要性；还必须承认只有主权者才是这种重要性的评判者。

一个公民可为国家提供的任何服务，主权者一旦要求，他就要去做；而主权者呢，不会把任何对共同体无用的枷锁加在臣民身上；他们不能也不愿这样做；因为，在理性法则下，任何事都不能是毫无理由的，在自然法则下也是如此。

把我们和社会体连在一起的契约是必须遵行的，只是因为契约是双方的；契约的特性表现为在履行契约时，我们不可能为了他人工作而不是同时为自己工作。如果不是因为没有一个人将"每个人"这个词归为己有，并且在为所有人投票的时候只想到自己，为何普遍意志总是公正，为何每个人都不断地想要他们中间每个人都幸福？权力的平等和由此产生的公正的概念来自每个人给予自己的偏好，因此来自人的本性；普遍意志，为了成为真实的普遍意志，就要从形式到本质上都要是真实的；普遍意志应该从全体出发，才能对全体都适用；当它倾向于某个确定的个别的目标时，它会失去了他天然的公正，因为要去判断那些和我们无关的东西，我们便没有任何真正的公正原则来指引我们了。

事实上，一个个案或个人权利在某个没有通过先前的集体契约确定的一点上，事情会引起争讼；这是一起诉讼，在诉讼中当事人是其中一方，公众是另一方，但是我在诉讼中看不到需要遵循的法律，也看不到宣判的法官。可笑的是愿意听凭一个普遍意志做出的匆忙决定，可能只是其中一方诉讼当事人的意见，因此它对另一方来说只是不相干的个人意志，在此刻带来了不公正并且容易出现错误。因此，个人意志同样不可代表普遍意志，普遍意志有了个人目的，这回轮到它改变性质，因为是普遍的，所以普遍意志既不能针对人也不能针对案件做出宣判。举个例子，当雅典人民任命或者免职他们的领袖，有的人得到表彰，有的人受到惩处，通过大量的特别法令不明晰地行使着政府的各种职权，严格意义上说，人民不再有普遍意志了；它不再如主权者行事，而似行政官员。这好像和共识相左；不过我还需要一点时间来陈述我的观点。

我们要从这里设想到使意志普遍化的不是投票的人数而是把人们团结在一起的共同利益；因为在这个制度中，每个人必然服从于那些他强行别人接纳的条件；利益和正义达成惊人的一致，使共同商议有了公正性，在所有个人诉讼的商讨中，缺少一种公共利益，这种公众利益能结合并辨认出法官的准则和当事人的准则，由此这种公正性消失不见。

无论从哪方面探寻原则，得出的结论都一样；即，社会契约在市民中建立了一种这样的平等，他们每个人在同样的条件下受到契约约束并能享有一样的权利。因此，根据契约的本质，主权的一切行为，也就是一切普遍意志的真正行为，同时使市民承担义务和赋予市民权利；因此主权者就只认得民族体，分辨不出任何组成它的个人。严格来讲，主权行为到底是什么？不是上级和下级的约定,是整体和每个成员的约定;它合法,因为有社会契约作为基础;它平等,因为为所有人共有;它有效,因为没有其他任何目的除了整体利益;它稳固,因为它有公共力量和最高权力作保证。当臣民顺从于这样的契约,他们就不是在服从任何人,而只是在服从他们自己的意志:想知道主权者和公民各自的权利能达到的界限,也就是想知道公民自身受契约约束到什么程度,包括每个人对所有人和所有人对每个人。

从这里我们看到,主权,绝对专制,绝对神圣,绝对不可侵犯,却没有超过也不能超过共同契约的界限,每个人都能完全支配这些契约留给他的财产和自由;所以,主权者从来没有权利让一个臣民承担比另一个的臣民多的责任,因为这样的话,事情变成个别的,他的权力也就不再有权能了。

这种区别一旦被接纳,有一种极其不符合实际的说法认为在社会契约中个人一方没有任何真实的放弃行为,通过契约产生的效果,他们的处境确实是比以前的更可支配了。他不是让与而是进行了有好处的交换,把不稳定难预料的生活换成另一种更美好更稳定的生活,把天然独立换成自由,把损害他人的权力换成自己的安全,把他的可能被他人超越的力量换成社会联盟带来的不可抵挡的权利。他们献给国家的生命本身在不停地受到国家保护;当他们为了保卫国家冒着生命危险时,他们所做的不就是把从国家那里得来的东西还给国家?他们现在所做的不就是在自然状态下,投入到不可避免的战斗中,不顾生命危险地去保卫自己生存所需的东西，更频繁地冒着更多的危险所做的事吗？所有人都要去战斗，必要时，为祖国而战，这没错；但是，就再也没有一个人为自己而战了。相比丧失安全下我们必须冒的那些险来说，为了保障我们安全的东西冒一部分险难道不是要好得多？

1 | 专心的读者们，我请求你们不要急于指责我的自相矛盾。我因语言的匮乏实在难以避免；请再耐心等待一下。

## 第五章
## 论生杀大权

人们想知道单个的人,没有一点权利支配他自己的生命,是如何将这种他们没有的权利转让给主权者的。这个问题显得复杂只是因为没有问好。每个人都有权为了维持生命而拿生命去冒险。难道有人说一个为逃离火灾现场而跳窗的人犯有自杀罪?难道有人把罪名归在一个在暴风雨中丧生的人身上,只因为他在上船的时候忽视危险的存在?

社会契约以保全契约签订人为目的。想要达到目的的人也想要方法,这些方法会伴随着一些风险,甚至损失。想依靠他人性命来保存自己性命的人也应该在需要时把生命交给他人。然而,公民却不再是对法律想要他冒哪种险的评判者;当君主对公民说：“对国家而言，你的死去是适当的”，他应该去死，因为正是在这种条件下他直到那时都安全地活着，他的生命不仅是自然的恩惠，还是一种国家附有条件的馈赠。

对罪犯处以的死刑的考量大概出于同样的观点：我们同意是为了避免成为凶手的牺牲者，如果我们变成凶手，自己也得死。在这个契约中，远不是支配他自己的生命，我们只想保障它，不需要假定任何一个契约订立者会预谋被绞死。

另外，每个罪犯，攻击社会权利，因犯下重罪变得桀骜不驯，背叛祖国；他因违犯法律而不再是国家的一分子，甚至攻击国家。而国家的存续和他的存续是不相容的；两者必亡其一；当我们处死罪犯的时候，是把他当作敌人而不是公民。诉讼程序还有审判都是证明和宣告他废除了社会契约，因此他不再是国家的一员。然而，既然他至少通过他的居留而自认为是国家的一员，就应该像契约违反者一样被流放而消失，或者像全民公敌那样被处死；这样的敌人不是一个道德人，只是一个普通人；这个时候，战争的权利才是杀死战败者。

但是，我们会说，对罪犯的判决是个人行为。我同意：这种判决也完全不属于主权者；这个权利他可以授予而不能自己来行使。我所有的观点前后一致，可我实在不能全部同时展开。

此外，频繁的极刑总是政府在治理中软弱和懒惰的表现。没有一个恶人是我们无法在某个事情上使他变好的。我们无权处死他人，就算以儆效尤也不可以，除非是那些保留下来不可能不带来危险的人。

关于赦免或者免除对罪犯的刑罚的权利，刑罚由法律产生并由法官宣判，这种权利只属于位于法官和法律之上的人，就是主权者；而且他的这种权利在这一点上还不是很明确，使用这种权利的情况非常少。在一个治理良好的国家，处罚极少，并不是因为实行了很多特赦，而是因为罪犯少；当国家衰落时，大量的罪行出现，才导致罪犯不受制裁。在罗马共和国时期，无论元老院还是执政官从未试图赦免；人民也没有这样做过，尽管有时人民会撤销自己的判决。频繁的特赦表明，很快重罪不再需要赦免了，人人都清楚这会导致什么结果。我却感到我内心低声抱怨，拽住我的笔杆：让那些从未犯过什么错误的正直的人，他本人从不需要特赦，让他们去探讨下这些问题吧。

## 第六章
## 论法律

通过社会契约,我们给政体以存在和生命;接着就要准备通过立法给它以行动和意志。因为早期的契约使政治体得以形成并结合,却没有明确政治体为了存续下去应该做些什么。

合适的和符合社会秩序的东西都是来自事物的天性,跟人与人的契约无关。一切公正来自于上帝,这是唯一的公正来源;可如果早知道要从这么高的地方获取公正,我们就不需要政府和法律了。这大概是只能从理性中产生的一种普遍公正;不过这种公正,为了能让我们所有人接受,需要相互的公正。从人的视角考虑事情,缺少合乎情理的制裁,公正法则在人与人之间是无效的;当正直的人同所有人一起遵守公正法则,而没有谁同他一起遵守公正法则时，公正法则只会给坏人带来好处，让正直的人受到伤害。所以需要契约和法律来把权利和义务结合在一起，使公正能达到它的目的。在自然状态下，一切都是共有的，如果我没有允诺任何人任何东西，我就不欠他任何东西；我只承认对我无用的东西才是属于他人的。在公民状态下的情况并非如此，此时所有权利都由法律规定。

那到底什么是法律？当我们仅仅赋予这个词以形而上的观念，当我们继续推理思考而明白自己的意思，即使我们说出了什么是自然法，我们也不会更明白什么是国家法。

前面我说过，对于一个特定对象而言是不存在普遍意志的。事实上，这一特定对象在一国之内或者一国之外。如果对象在一国之外，一种和他无关的意志对他来说没有一点普遍性；如果对象在一国之内，就是国家的一部分：在整体和他这个部分之间形成一种关系，这种关系把整体和部分变成两个截然不同的存在，其中部分是一个存在，缺少这一部分的整体，是另一个存在。但是缺少这个部分的整体不再是整体；只要这种关系存在，就不再有整体；而是不平等的两个部分：由此可见，一个的意志与另一个相比绝不是普遍的。

可当全体人民对全体人民做出裁定时，他们只会考虑他们自己；一旦形成一种关系，也就是从一种观点下的整体对象到另一种观点下的整体对象，整体没有划分开。人们做出的裁定的方式是普遍的，就像意志做出的裁定一样。这种行为就是我所称的法律。

当我说法律对象总是普遍的时候，我是指法律把臣民视作整体，把行动视作抽象，从来不把人视作个体，不把行为视作个别。因此法律完全可以做出裁决因为有特权，但是它不能指名道姓地把特权交给任何一个人；法律可以把公民划分为若干等级，甚至确定达到各个等级需要的资格，但是它却不能将这些或者那些人指定被某个等级接纳；它能建立一个王室的政府，一个世袭的继位，但是它不能选举国王，也不能指定一个王室：一句话，和单一对象有关的一切职能都不属于立法权。

关于这一观点，我们即刻发现无须再问制定法律的工作属于谁了，因为法律是制定法律这种意志的行动，因为法律是普遍意志的行动；无须问君主是否超越法律而存在，因为他是国家的成员；无须问法律是否会出现不公正的情况，因为没有谁对他自己不公正；更无须问我们为何保持自由而又服从法律，因为法律只不过是我们意志的登记簿。

我们还发现，法律集合了意志的普遍性和对象的普遍性，作为人，无论他是谁，擅自发令可不是法律；主权者对单一个体发令更不是法律，只是法令。不是主权行为，而是行政官员行为。

我把依法而治的国家称为共和国，无论它以何种行政组织形式呈现：因为只有在共和国公共利益才能占统治地位，公共物品才算是个事。一切合法政府都是共和制[1]；随后我将讲解什么是政府。

严格意义上说，法律只是公民结合的条件。顺从于法律的人民必须是法律的作者；确定社会条件是组成社会的人的责任。但是如何确定条件呢？通过突如其来的灵感来达成共同协定？政治体有表达意志的机构吗？谁能提供给政治体必需的远见以形成行为并提前宣布？或政治体如何在有需要的时候宣布？一大群缺乏理性的人，常常不知道想要什么，因为他们很少知道什么对他们来说适合，他们如何执行和立法体系一样重要一样困难的事情？人民总想从自己那里得到好处，却也因为他们自己的原因总是看不到它。普遍意志总是公正的，但是，它指引的判决却不总是明智的。要让它发现对象的真正样子，有时候还要发现对象应该表现出来的样子，对象应该为它指出它寻求的正确道路，使它免受个体意志的诱惑，将它眼中的地点和时间进行对照，用遥远的隐藏的损害来平衡当下的明显的利益诱惑。个体发现了好处却弃之；公众想要好处却看不见，都同样需要领路人。需要个人使自己的意愿适应理性；要教会公众了解自己所想要的。公共智慧是由在社会体中的智力和意志联合而产生的；从那里才有了各个部分精确协作，最后才有了整体的最大力量。立法者的必需性由此产生。

1 | 我用这个词不仅想指贵族制或者民主制，而一般来说也指一切由普通意志即法律指引的政府。如果政府要合法化，就不能和主权者混淆，主权者只是政府的官员。因此，君主制本身也是共和国。这点在下一卷中会变得清楚明了。

第七章

# 论立法者

为了发现适合本民族的最好社会规则，需要一种高级智慧，它理解所有人的各种情感，却体验不出其中任何一种；他和我们的天性没有任何关联，却精通于此；高级智慧的幸福独立于我们存在，然而它很想关怀照料我们的幸福；最后，随着时代的进步，遥远的荣耀被爱惜，能在一个世纪劳作，在另一个世纪享受[1]。需要上帝来为人类制定法律。卡里古拉对事实也做着同样的推理，柏拉图对权利做着推理，为了定义在它的书《政治家篇》中所探求的普通公民或者王族的人。可如果真的是如此，伟大的君主是罕有的人，那伟大的立法者该是什么？前者只需要照着后者可能提出的模式做。后者是发明机器的机械师，前者只是组装机器并使之运转的工人。"在社会诞生之时,"孟德斯鸠说,"建立制度的是各个共和国的领袖,然后是制度造就各个共和国的领袖。"

那些敢于着手创建人民的人,需要感觉有能力去改变,可以这样说,去改变人性,有能力改造每一个人,从对他们来说的自己这个完美的单独的整体变成一个更大的整体的部分,整体中的这个个体以某种方式获得他的生命和他的存在;改变人的构造使之更有力;从保持部分的精神上的存在到保持我们天生获得的生理的独立的存在。总之,必须去除人固有的力量才能给予他外来的力量,他使用这种力量不得不借助他人的帮助。这些天然的力量消亡得越多,获得性的力量就越强大、越持久,制度也就越稳固、越完善。因此每位公民若不靠其他人就什么都不是,什么都做不了,如果通过整体获得的力量等同于或高于所有个体的全部天然力量,可以说,立法者到了它能达到的最高完美点。

无论从哪方面看,立法者都是国家中一个极其优秀的人。这是源于他的天资,同样也是源于他的职位。这并不是行政官员职位,也不是主权。这个职位创立了共和国,却不属于其组织结构;这是一个特殊且高级的职能,和人的权力权威没有任何共同之处;因为如果支配人的人不应该支配法律,那支配法律的人更不应该支配人;否则,这些法律,就成了情感的执行者,只会让不公正经常地永久地延续下去;他永远无法避免使工作神圣性变质的那些个别意见。

当来库古为祖国制定法律的时候,是从放弃王位开始的。这是大部分希腊城市的惯例，委托外国人来制定本国的法律。近代意大利的共和国也效仿了这种做法；日内瓦共和国也做过很多次，对此很满意[2]。在罗马最美好的年代，发现种种残暴的罪行在国家内部死灰复燃，它自己也濒临灭亡，正是因为把立法权和主权权力集中在同一些人手上。

然而十大执政官从不窃取仅凭他们的权威就让法律通过的权利。"我们跟你们提议的，"他们对人民说，"没有你们的一致同意，都不能上升为法律。罗马人，你们要做法律的发起人，法律会带给你们幸福的。"

起草法律的人没有或者说不应该有任何立法权，就算当人民想拥有立法权的时候，他们也不能放弃这不能转让的权利，因为根据基本契约，只有普遍意志才能使个人承担义务，人们一向无法确信一个个人意志与普遍意志一致，除非个人意志服从了人民自由选举：我虽然已经说过了，但再次提出并非无益。

我们发现在立法成果中同时存在两种好似不相容的东西；一种超出了人的力量的举动，和执行它的时候的一种毫无价值的权威。

另一个困难也值得注意。智者想用自己的语言而不是用民众的语言来跟民众交流就不会被他们理解。然而，那么多想法不可能都能用民众的话表达出来。过于笼统的意见和过于遥远的目标都是超出民众能力范围的：每个个体，都不会领略政府其他的计划，而只会关注跟个人利益有关的计划，他们很难意识到自己可能会在被良好的法律规定的持续不断的剥夺中获得了好处。为了让初生的民族能领略到健全的政治准则，遵循国家利益的基本规则，需要让结果能够成为原因；要让应该是制度成果的社会精神来支配这个制度；要让所有人在法律出现之前就是他通过法律应该变成的样子。因此，立法者不能使用力量和推理，必须求助于另一个范畴的权威，这种权威能无暴力地驱使，无说服地使人信服。

这就是历来迫使民族的创始人去求助上天的介入，并以他们自己的智慧崇拜上帝的原因了。这就是为了使人民像服从自然法一样服从国家法，认识到人的形成和城邦形成是同一种权力在起作用，使人民自由地顺从，驯服地戴上了公共至福的枷锁。

这崇高的理性，它超越了普通百姓的能力极限，立法者将裁决通过诸神的口说出，通过神的权威来驱使那些不能被人的审慎感动的人们[3]。但是并不是所有人都适宜于让上帝说话，也不是当他自称是神代言人时所有人都相信。立法者的高贵灵魂是真正的奇迹，会证明他的天职。每个人都能刻石板，或买神谕，或虚构一个和某个神的神秘交往，或训练一只小鸟能跟他说悄悄话，或找到其他粗劣的方式强令人民接受。只会这些手段的人甚至能偶然地聚集一群失去理智的人；但是他永远建立不了帝国，他那些怪诞的活计很快将随他一起消亡。虚妄的威望形成的是短暂的连接；只有智慧才能让连接持久。那些犹太律法，一直都存在着，以实玛利的子女的法律，支配着半个世界已经一千年了，至今还显示着那些口述定出这些法律的伟大人物；然而傲慢哲学或盲目的派别思想只把这些人看成是幸运的伪君子，真正的政治家在他们的制度中钦佩这伟大而强大的天赋，这种天赋支配着各种法律的持久。

一定不能通过这些来得出和沃伯顿同样的结论，认为政治和宗教在我们中间有着相同的目的，而应该认为，在各民族起源中，宗教充当了政治的工具。

---

1 | 一国人民只有在他们的立法权开始衰落时才出名。人们不知道来库古的体系让斯达巴人幸福了多少个世纪，在除斯巴达以外的希腊地区开始谈论斯巴达人之前。
2 | 那些把加尔文只看作是神学家的人没有真正认识到他的才华有多大。他为拟订审慎的法令做出了突出贡献，为他带来的荣誉跟他所建立的组织带来的荣耀同样多。无论时代会给我们的宗教带来什么样的变革，只要我们对祖国、对自由的热爱不灭，对这位伟人的回忆就不会停止，他会永远受到爱戴。
3 | "说真的，在世上任何国家，卓越的立法者都无一例外地求助于上帝的力量；否则，他们的法律就无人接受：有很多好的法律，它的重要性立法者是知道的，但这并不能成为说服他人对之服从的充分理由。"《论李维》第一卷，第十一章。

## 第八章
## 论人民

如同建造一栋大型建筑之前，建筑师先观察并考虑地基以便了解它是否能承受大楼的重量，审慎的创设者不是从起草漂亮的法律条文开始，而是预先考察法律供用的对象即人民，看他们是否能接受法律。这也是为什么柏拉图拒绝把法律给予阿卡迪亚人和萨仁尼安人，因为他知道这两地人民都很富有而且不能容忍平等；因为这个原因，我们看到在克里特岛好的法律和坏的人，因为米诺斯只惩戒充满不良习气的人民。

成百上千的民族在世界上星光闪耀，他们都从来不能忍受好的法律带来的痛苦；这些民族中有些能做到，只在其整个历史中的一段极短的时间内。大部分民族，和普通人一样，在年轻的时候很顺从，越老就变得越无法纠正。一旦习俗形成，偏见根深蒂固，再想去改造就非常危险而且白费力气；人民甚至不能忍受我们动手改变那些要摧毁他们的缺陷，如同这些愚蠢的病号，没有勇气，一见到医生就直发抖。

这就如同某些疾病对人的大脑产生重大影响，夺走他们对过往的回忆，有时候在国家存续期间出现剧烈动荡期，这时，革命带给人民的某些影响如同某些疾病骤变带给个人的影响，对过去的恐惧取代了遗忘，被内战点燃的国家，可以说在废墟中重生，逃离死神的拥抱重获青春活力。来库古时期的斯巴达如此，塔克文王朝之后的罗马如此，现代的荷兰和瑞士在驱逐了暴君后亦是如此。

但是这种情况很少出现；这些是例外，而例外的原因在例外国家的特殊机构里可以找到。这些例外甚至不可能在同一民族中发生两次：因为一个民族只能在未开化的时候，才能追寻到自由，当公民活力用尽时反而做不到了。动乱会摧毁人民，革命却无法将其重建；人民的镣铐一旦被砸碎，他们就分散开来，不再是人民：从此以后，人民需要的不是一个救星而是一个主人。自由的人民，请记住这句格言："我们能获得自由，却永不能复得。"

青年不是童年。对民族而言，好比人一样，有着风华正茂期，如果我们愿意，也可称为壮年期，在让人民服从法律之前需要等待这一时期的到来：可民族的壮年期不易认出；如果我们抢在壮年期前让人民服从法律，这项工作会失败。一些民族一出生就可以奉公守法，另一些就算是一千年以后也达不到。俄国人从未真正开化，因为他们开化得太早。彼得大帝有模仿的天资，却没有真正的天赋，一种从无到有的开创性。他有些事情做得还不错，但大部分是不合时宜的。他认为他的人民是未开化的，却没发现他们还未成熟到可开化的程度；当他想使人民开化时，其实只需要锻炼人民。刚开始他想改造成德国人，英国人，应该从改造成俄国人开始：他说服臣民相信他们曾经不是现在的样子，这就阻碍了臣民变成他们能成为的样子。这就像一个法语家庭教师把他的学生培养得童年光芒四射而后默默无闻。俄罗斯帝国曾想征服欧洲，没想到最后自己被征服。他的臣民或称为近邻的鞑靼人，将成为他的主人和我们的主人，这场革命在我看来是不可避免的。欧洲的所有国王共同加速着它的到来。

## 第九章
## 论人民（续一）

　　自然规定了一个体型正常的人的身高上下限，超出限定，只会形成巨人或侏儒，同样地，考虑到一个国家的最佳组织构成，它也存在一个疆域界限，以确保不能大到无法良好治理，不能小到无法延续存留。在每个政治体中都有一个其无法超越的最大实力，由于不断地增大版图常常离最大实力就越来越远。社会连接越扩展就越松弛；通常情况下，一个小国相应地比大国强。

　　无数理由能说明这条准则。第一，行政在更偏远的地方更难实行，就像杠杆越长，撬起远端就需要更大的重量。随着层级的增加，行政工作变得愈加繁重：因为每个城市首先都有自己的政府部门要人民供养；上面的每个区同样也有政府部门，同样靠人民供养，还有每个省及更高级别行政单位，比如总督管辖区，海外总督管辖区，随着层级的上升，就要负担更多，最后都是靠可怜的老百姓来负担；最后是压垮一切的最高级行政。如此的超负担不断地耗尽臣民：这在层层行政下的治理远没能更好，还不如在他们之上只有一层治理。然而剩下的资源几乎不能应对特殊情况；当需要求助于国家时，国家总是在灭亡的前夜。

不仅如此：不只政府没有那么多精力和快捷让人遵守法律、防止欺压、革除流弊，预防偏远地区的煽动叛乱行为；但是人民对其永远见不到的首领、在他们眼中就是如同全世界的祖国还有形如外人的大部分同胞感情没有那么深。同样的法律不可能适用于如此众多省份；不同的省有不同的习俗，生活在截然不同的生活环境下，不可能接受同一种治理模式。不同的法律只会在人民中产生纠纷和混乱，他们生活在同一首领的统治下，在持续的来往中，一些人去另一些人家里，或者一些人在另一些家里结婚，顺从其他的习俗，从来不知道他们的遗产是否适合他们。这一群互不相识的人靠最高行政的席位把他们集中在一起，他们才华埋没，美德无人知晓，恶行得不到制裁。领导者们，不堪工作的重负，什么都察觉不到；最后一些官吏开始治理国家。最后，为保持普遍权威需要采取措施，众多偏远地区的官吏想逃避或蒙蔽这普遍权威，耗尽所有的公众关照；就再没有多余精力关照人民幸福了，在需要保卫人民的时候也几乎不够用了；这样一个体制上的巨无霸大到自己倒下，在其自身重量的重压下垮掉而灭亡。

另一方面，国家需要自我提供一些基础来保证稳定，抵抗住它少不了会遭受的动荡，同时挺住为了支撑下去不得不作的努力：因为所有人民都有一种离心力，一部分人通过它持续不断地对另一部分人产生影响，并且以扩张为目的的侵犯相邻的人，就像是笛卡尔的旋涡说。于是弱者很快就有被吞并的风险，没有谁能存活下来，除非和所有人一起同处一种平衡状态中，这种平衡让压力在任何情况下大致均分。

从这里我们发现有扩张的理由和收缩的理由；这可是需要政治家拥有最大的才华在这些理由中找出最有利于国家存续的那个比例。通常而言，扩张的理由是相对的外因，需要服从于收缩的理由，后者是绝对的内因。一个健全而强大的政体是谋求的第一目标；相比于辽阔疆域带来的资源，我们要更依靠于能产生于良好政府的活力。

此外，我们发现如此构成的国家，对外征服的必要性已经成为这种政体本身的一部分，为了存续，这些国家不得不连续地扩张。或许它们非常庆幸这种预示成功的必要性，而随着它们达到强盛的顶点，这种必然性也向其展示出不可避免的衰落时刻。

# 第十章

# 论人民（续二）

我们可以用两种方法来衡量一个政治体，即：疆域的大小和人民的数量；在这两者之间存在一种合适的比例就能让国家真正伟大。国家是由人构成，人又是由土地哺育：这种合适的比例即土地足够哺育上面所有的人，有足够的人供土地来哺育。在这种比例下，存在一个给定人口的最大量；如果土地过大，土地的保卫则显得负担过重，耕种不精，产品过剩；这是防御战争产生的直接原因。如果没有足够的土地，国家就会成为任凭其邻国摆布的附庸；这是侵略战争产生的直接原因。在这种处境下，如果人民只能在商业与战争中取其一，它本身也许就是弱小的；仰邻国鼻息，依赖事态发展；它的存续永远都是短暂且变化无常。它要不通过征服来改变现状，要不被征服变得毫无价值。想保留自由，要么足够渺小，要么足够伟大。

在土地面积和人口数量互相满足的确定比例上，我们没办法计算得非常精确，原因诸如土地质量的良莠不齐，肥沃程度，产物种类，气候影响的不同，土地上居民的不同气质我们也注意到了，一些人在土地肥沃的地区消耗就少，而土地贫瘠地区的人消耗就多。还需要考虑到妇女的最高生育率或最低生育率，考虑国家为了更有利于人口或更不利于人口所能做的，考虑期望通过各种安排部署能促进人口的立法者的数量，为了让立法者不是通过看到的做出评判，而是通过他预见的做出评判，不光注意到人口的现状，也要注意人口自然而然达到的状况。最后，在很多情况下，地方的一些特殊事件会要求或者允许我们拥有更多的并非必需的土地。山地国家的人们扩张土地多，产物多天然，森林、牧场，不需要太多劳作，经验告诉我们这里的妇女生育能力比平原地带的更强，大片坡地外只有一小片平地，唯一能用于植物生长的土地。相反，在海滨的话，我们可以收缩，即使在岩石滩，贫瘠沙滩，因为捕鱼业能在很大程度上弥补土地产出的不足，人的集聚密度更高从而能对抗海盗，另外更便于通过殖民地来释放一国负荷过重的人口。

为了在这些条件下形成人民，需要加入另外一个条件，一个不能替代其他任何一个条件的条件，若没有这个条件，这些条件就全部作废：那就是我们享受着的富饶和和平；因为国家被安排在这样一个时刻，好比一支军队形成的时刻，共同体最无力抵御并最易被摧毁。我们在绝对混乱中比在一个发酵时刻具备更有力的抵抗，在发酵时刻，每个人自顾地位而不顾危险。在这危急时刻，一场战争、一场饥荒、一场叛乱都能让国家必然地覆灭。

在这些动荡中，依然有不少政府建立起来；但是正是这些政府摧毁了国家。篡权者往往制造出或选择了这些动荡时期，利用人民的恐惧，让具有破坏性的法律得以通过，人民若在冷静时绝不会令其通过。人们区分立法者还是僭主的行为的最可靠因素是关于机构建立时刻的选择。

什么样的人民适合立法呢？那些通过出身、利益或者契约连接在一起，还没有受到真正的法律约束的人；那些没有根深蒂固的习俗和迷信的人；那些不怕因突如其来的入侵而被压倒；不用介入邻国的争端，而独自抵抗其中任何一国，或借助其中一国力量击退另一国；这种人民中的每一成员都为所有成员所知，在他们中间，不用被逼将负担加在已无力背负更重负担的人身上，在不需要其他民族的情况下能生存的民族，并且其他民族不需要他们也可以生存[1]；既不富有也不穷苦能满足自己需要的人民；最后是结合古代民族的稳定性和新兴民族的顺从性的人。让立法工作繁重的原因不在于必须建立的东西而在于必须摧毁的东西；成功的希望如此渺茫，是因为不可能找到结合了社会需求的天然纯朴。确实，能集聚所有这些条件非常困难；因此我们能发现的结构组织合理的国家就如此之少了。

在欧洲，有一个能够实现立法的国家，那就是科西嘉岛。这里正直的人民英勇而顽强，能够恢复和保卫自由，特别值得一位智者教他们如何将自由一直保持下去。我有预感，这个小岛总有一天将震惊整个欧洲。

1 两个相邻的人民，如果一个离不开另一个，这种局面对前者来说很困难，对后者来说很危险。每个明智的民族，在相同情况下，都会力求尽快地令对方摆脱这种依赖。特拉斯卡拉共和国被墨西哥帝国包围着，宁愿不吃盐也不向墨西哥人买，哪怕不要钱都不接受。明智的特拉斯卡拉人看出了藏在这种慷慨背后的陷阱。他们保全了自由，这个在大国围绕下的小国，最后充当了帝国灭亡的工具。

第十一章

# 论立法体系的多样

如果去探究应该成为所有立法体系的目标的所有人的最大利益由什么组成,最后会发现被归结为两点:自由和平等。自由,因为每个个体的从属都相当于从国家共同体夺走同样多的力量;平等,因为自由无它便无法存在。

我已经提到过公民自由;对于平等,用这个词不是指权力和财富的等级要绝对地平等;而是指对于权力而言,它是不受任何暴力裹挟的,只能依据社会地位和法律来使用;对于财富而言,任何市民不能富裕到买下别人,任何市民也不能贫穷到被迫卖身:这意味着,对于富人一方,节制的是财富和声誉,对于穷人一方,节制的是吝啬和贪婪[1]。

这种平等，他们说，是一种思辨幻想，在现实活动中不可能存在。但是如果滥权是不可避免的，是不是就是说完全不应该控制它？正是因为万物的力量总是倾向于摧毁平等，所以立法的力量就应该倾向于维护平等。

一切合理的结构组织的普遍目标需要根据各国所产生的各种关系做出调整，不论地区形势还是居民性情，根据这些关系将一个个特殊的组织制度指定给每个民族，这种制度本身可能不是最好的，却对它的指定对象国是最好的。比如贫瘠的无法耕种的土地，国土面积相对稠密而人口过于稀少该怎么办呢？你们转向工业和艺术，用产品换取你们所缺少的食物。相反，占有肥沃的平原和多产的山坡但居民人数不足该怎么办呢？应该重点关照让人口增殖的农业，放弃艺术，因为它只会将过少的人口集中在国土上的几个城市，使国家人口减少[2]。要是占有广阔便利的海岸呢？那么把军舰布满大海，致力于商贸和航海，你们则会留下绚丽而短暂的一笔。如果你们所濒临的大海几乎是难以接近的烂石滩呢？那还做以吃鱼为生的野蛮人吧；你们会生活得更安宁，或许更美好，但肯定更幸福。总之，除了所有人的共同准则，每个人都藏有某种动机，这种动机通过一种特别的方式来安排他们的秩序，使它的立法只适用于自己。古代的希伯来人，近代的阿拉伯人，都选择了宗教信仰作为其目的，雅典人选择了文学，迦太基人和泰尔人选择了商业，罗德岛人选择了海运，斯巴达人选择了战争，罗马人选择了美德。《论法的精神》的作者在大量的实例中表明了立法者如何通过某种技巧把制度引向每一个这样的目的。

让一国政体真正稳固而持久的，是当行为准则如此被遵循，各种天然关系和各种法律合于每一节拍，法律只用于保证、陪伴、纠正天然关系。如果立法者弄错目标，采取了一套不同于产自事物本质的原则，一个要为奴而另一个要自由；一个追求财富积累，另一个追求人口增长；一个追求和平，另一个热衷于征服。不知不觉中法律衰弱了，政体改变，国家动荡不断，直到被毁灭或者变质，不屈不挠的自然重获统治权。

1 | 你们想让国家稳定吗？那就要让贫富两极尽量接近；不容许有富足的人，也不容许有乞丐。这两个阶层是天然不可分的，都会损害共同利益；暴政的支持者来源于其中一个阶层，暴君则来自于另一个阶层；公民自由在两者之间被交易，后者买，前者卖。
2 | "任何对外贸易的支线，"达让森侯爵说，"通常来说，对于一个王国只会显示出虚假的益处，这种支线能让一些人甚至是几个城市富裕起来，但是整个国家什么都没得到，人民只会更差。"

## 第十二章
## 法律的分类

为了让一切井井有条,或者尽可能地赋予公有物以最好的形式,需要考虑各种关系。首先,是整体对自身的行为,也就是整体与整体的关系,或者说主权者与国家的关系;这种关系包含了媒介关系,我们在下文中会展开。

支配这个关系的法律被称为政治法,如果这些法适度的话,没理由不被称为基本法;因为,如果在每个国家只能有一种合适的方法来治理,发现它的人民应该坚持它;如果建立的秩序不好,为什么还要把阻碍秩序变合适的法当作法律中的基本法呢?另外,在任何情况下,人民总是法律修改的主宰,即使是最好的法律;因为,如果他们愿意伤害自己,谁有权去阻止呢?

第二种关系是国家成员内的，或国家成员和整个政体之间的；考虑到前者，这种比例关系要尽可能地小，而考虑到后者，要尽可能地大；为了每个公民都完全独立于其他所有公民，并极其依赖于城邦：这都是用同一种方式形成的；因为只有国家的力量才能带来成员的自由。这第二种比例关系产生了民法。

我们来看看第三种关系，人与法之间的关系，从违抗到刑罚的关系；后者带来了刑法的建立，实际上，刑法不是一种特殊的法律，而是对其他法律的制裁。

加在这三种法上面的是第四种法，也是其中最重要的，它没有刻在大理石或者青铜器上，而是刻在公民心里；它形成了真正的国家政体；每天都有新的活力产生；当其他法律变得陈旧逐渐消逝的时候，可以令其恢复活力或者直接替代，它在这种创立精神中保留着人民，用习惯的力量不知不觉地代替权威的力量。我说的是风尚、是习俗，尤其是舆论；对我们的政治家而言，这是他们不熟悉的部分，而这部分对其他法律的成功来说却是息息相关的；对于那些伟大的立法者而言，悄悄地专注于这一块，然而他们似乎满足于那些特定的法规，这些都仅仅类似于拱门上面那一点圆拱，而产生得很慢的风尚，形成的却是撼不动的拱顶石。

在各种类别的法律中，构成政府形式的政治法才是唯一和我论题有关的。

卷 三

在开始谈论政府的不同形式之前，我们来试着确定政府这个词的准确含义，之前它还没有被解释得足够清楚。

## 第一章
## 政府总论

我要提醒读者,这一章需要认真阅读,对那些不想专心阅读的读者,我真不知道如何让他明白易懂。

所有自由行动都要在两种因素协助下产生:一种是精神的,即:决定行动的意志;一种是物质的,即:实施行动的力量。当我向目标行进时,首先我要有走向目标的意愿;其次,我的脚带动我前行。无论是一位想跑的残疾人士,还是一位不想跑的健全人士,都只会原地不动。政治体也是同样的动机:同样分为力量和意志;意志被称为立法权力,力量则被称为行政权力。没有两者的协同,什么都做不了,或者说什么都无权做。

我们发现立法权力属于人民,并且只能属于人民。通过前面建立的原则不难看出，相反地，行政权力不能像立法权或主权那样属于全体，因为这种权力是由一些不在法律权限内的特殊行为构成，也就不在主权者的权限内，所以主权者的所有行为只能在法律权限内。

因此公共力量需要一个合适的代理人，这个代理人能根据普遍意志的指导方针集合并使用所有的公共力量，在国家和主权者之间起联络的作用，代理人对法人所起的作用，就像灵魂和肉体的结合对人所起的作用。这就是政府在一个国家存在的原因，而政府又不恰当地与主权者被混淆在一起，实际上它只是主权者的执行人。

政府是什么？一个建立在臣民和主权者之间的媒介体，使两者相互适合，同时负责执行法律和维护公民的和政治的自由。

这一媒介体成员称为行政官员或国王，即统治者，整个媒介体称为君主[1]。有人声称人民顺从于统治者所通过某种行为不是契约，他们说的很对。这完全是一种委托，一种使用，在媒介体中，主权者唯一的官员们，以主权者的名义行使权力，主权者让他们成为权力的占有者，他可以随意限制、更改和收回这项权力。这样一种权力的让与，与社会体的本质是不相容的，违背了结合的目的。

因此，我把行政权的合法行使称为政府或者最高行政机构，把负责行政的人或团体称为君主或者行政官员。

正是在政府中存在着媒介力量，这些媒介力量的比例构成了整体对整体，也就是主权者对国家的比例。这种关系可以通过一个连比例的首尾项的比来体现，其中的比例中项就是政府。政府从主权者那里接受命令，然后把命令传给人民；为了让国家处于一个完美平衡状态，全部相互抵消，必须要让政府自乘的积或幂与一方面是主权者另一方面是臣民的公民的积或幂相等。

另外，我们没法做到改变三项中的任何一项而不打破这种均衡。如果主权者要管理，或者行政官员要立法，或者臣民拒不服从，混乱就会接替规则，力量和意志再也不能协同共事，国家解体，沦落到专制政治或者无政府状态。最后，如同在每种比例中只有一个比例中项，在一个国家也只有一个可能的合适的政府；不过，正如千变万化的事件会带来人民中各种比例的改变，不光是有不同的好政府适合不同的人民，对同一人民在不同时期也有不同政府来配合。

为了试图弄清影响这两个首尾两项中起支配作用的不同比例，我以人口数量为例，这种比例容易表达清楚。

假定一个国家有一万公民。主权者只能集体地被考量，被看成是一个整体；每个人，作为臣民，则被看作个体：主权者之于臣民，是以一敌万；这意味着每位国家成员都拥有万分之一的主权权威，尽管他是完全顺从于主权者的。如果人民数量达到十万，臣民的状况不会变，每个人同样具有所有法律的整体权威，当进行投票时，每个人的占比降到十万分之一，对法律编纂的影响又减小到原来十分之一。因此，臣民总是作为一，随着公民人数的增加，主权者的比值跟着变大。

由此证明，国家越扩大，自由越缩小。

当我提到比例在增大，我是想说它离平等越来越远。因此，这种几何学词义上的比例越大，普通词义的比例就会越小：在前一种词义上，比例按照数量来看待，通过指数来测量；而后一种词义呢，根据同一性来看待，通过相似度来估算。

然而，个人意志越不似普遍意志，习俗越不似法律，抑制的力量就应该愈加强大。政府要想做个好政府，需要随着人民数量的增长而相应地变强大。

另一方面，随着国家的变大，让公共权威的占有者有了更多诱惑和更多方式去滥用权力，那么政府对人民的控制力度应该越大，主权者对政府的控制力度就要越大。在这里我说的不是绝对力量，而是国家的不同部分的相对力量。

由此得出，这双重比例中，主权者、君主和人民之间的连比例不是一个随意的观念，是政治体本质带来的必然结果。由此还得知，首尾两项中的一个，即作为臣民的人民，是固定的，体现为"一"，每次随着双比增大或变小，单比也会同样地增大或变小，这就导致比例中项的变化。让人清楚明了的是，一个政府的组织构成并不是唯一且绝对的，可以根据其国家大小的不同采取性质不同的政府。

如果想嘲笑这种体系，有人会说，为了找到这个比例中项并形成政府体，在我看来，只需要将人口数量开平方，我回答我只以这个人口数量为例；我提到的那几个比值不仅仅可以通过人口数量来计量，也通常通过大量动机构成的行动数量来计量；此外，为了用简洁的话语表达我的观点，我暂时借用了几何概念，然而我知道几何的精确不会发生在道德数值上。

包含于政治体的政府是大型政治体的小型化。政府是具有某些权利的法人，像主权者一样主动，像国家一样被动，可以被分解为其他相似的比例，在这些相似的比例中，由此产生一个新的比例，根据法官等级在这个比例中又产生一个比例，直到一个不可再分的中项，也就是说，直到唯一的领导人或者最高官员，我们可以想象，在这一数学级数的分数级数和整数级数之间的"一"。

不要困惑于繁多的比例项，让我们专注一件事，把政府看作国家内的一个新的实体，有别于人民和主权者，是两者的媒介。

两个实体之间存在着本质区别，国家通过自己存在，而政府只能通过主权者存在。因此，君主的占支配地位的意志只是或者只能是普遍意志或者法；它的力量只是集于它自身的公共力量：一旦它想从自身得到某种绝对的不受束缚的行动，一切的连接就开始减弱。如果最后君主的个人意志比主权者的个人意志更积极，它动用手中的公共力量来服从个人意志，以致出现两个主权者，可以说，一个权利上的，一个事实上的，社会连接即刻消失，政治体随之解体。

然而，为了让政府体能存在，需要有一个真正的生命以别于国家体；为了所有成员能共同行动以符合政府被创立的初衷，它需要一个特殊的我,有一种全体成员共有的感受,一种力量,一个有助于政府存续的专有意志。这一特殊存在需要大会、委员会、审议权、决定权、权利、头衔、属于君主的独有特权,这些特权让行政官员的条件越辛苦就越荣耀。困难在于如何在整体中安排这个附属的整体,以保证后者在增强自身结构的同时不会改变整体结构;使这个附属的整体能区别个人力量和公共力量,前者是为了自己的存续,后者是为了国家的存续。总之,附属的整体要随时准备为了人民牺牲政府,而不是为了政府牺牲人民。

另外,尽管政府的人造实体是另一个人造实体的产物,在某种程度上,属于假借的从属的实体,尽管如此,它还能或多或少有力而灵活地行动,享受着或多或少强壮的身体。最后,政府不是直接远离了它建立的初衷,从它建立的方式看,可能是或多或少地背离了。

国家因偶然的特殊的比例改变,根据这些比例推断,政府和国家体之间可能存在的各种比例的产生原因正是所有这些区别。因为常常是质素最好的政府会变得最糟糕,如果其比例不随着它所属的政治体的缺陷而做出调整的话。

---

1 | 这就是为什么在威尼斯人们称统治集团为"尊贵的殿下",甚至在总督不在的时候也是如此。

## 第二章
# 论不同形式政府的组建原则

为了说明这些差别的一般原因,在此区分开君主和政府,正如我在前文中区分开国家和主权者一样。

行政官员体的构成人数可多可少。我们说过主权者对臣民的比例随着人民数量的增加而增大得更多;以此类推,我们也可以说政府与官员的比例也是这样变化。

然而,政府的全部力量一直是国家的力量,不会发生变化:因此,政府用在其成员上的力量越多,剩下的能使用在全体人民上的力量就越少。

所以,行政官员越多,政府就越弱小。这是一个基本准则,让我们来专注澄清这个概念。

我们可以把行政官员分成三种本质上不同的意志：第一，完全的个人意志，只追求个人利益；第二，行政官员的共有意志，仅仅和君主利益有关，也可称为团体意志，对政府而言它是普遍的，对政府从属于的国家而言，它又是特殊的；第三，人民的意志或主权意志，无论是对被看作整体的国家来说，还是对被看作整体的一部分的政府而言，都是普遍意志。

在一次完美的立法中，特殊意志或者个人意志可能是无效的；为政府所固有的团体意志的从属性很强；因此，普遍意志或者主权意志总是占统治地位，是其他所有意志的唯一法则。

相反，在自然秩序下，这些不同的意志随着慢慢聚集变得更加活跃。而普遍意志总是最弱小的，团体意志第二，此时个人意志是三者中最强的：因此，在政府中，每个成员首先是他们自己，然后是官员，最后才是公民；这种顺序刚好和社会秩序所要求的相反。

这样假定后，整个政府掌握在一人手中，此时个人意志和团体意志完美结合，由此团体意志可能达到最高强度。然而，力量的使用取决于意志的级别，而政府的绝对权力又是恒定不变的，因此，最具活力的政府是一个人的政府。

相反，把政府和立法权威连在一起；让主权者做君主，让所有市民都成为官员：那么团体意志便和普遍意志混在一起，不再有比后者更多的活动力，个人意志的全部力量得以保留。因此，总是有着同样的绝对力量政府，其相对权力或者活动力将达到最低值。

　　这些关系是不容置疑的,还有其他一些考量能进一步证实。我们看到,比如,每位行政官员其团体中的活动力比每位公民在国家内的活动力要大得多,因此,个人意志对政府行为的影响比对主权者行为的影响要大得多;因为每位行政官员都履行一些政府职能;而每位单独的公民却没有履行主权的任何职能。另外,随着国家的扩张,国家的力量也会相应地增大,尽管不是随着疆域按比例增大:若国家的大小不变,官员数量增加是徒劳的,政府也没有从中获得更大的力量,因为这种力量就是国家的力量,大小是相等的。因此,政府的相对力量或活动力减小,绝对力量或实际力量却没能增大。

　　还可以肯定的是,随着更多的人参与负责事务处理,处理效率会变得更低;他们过于审慎但求无过,而不太想升官发财;"过多地考虑反而会令人失去本应由深思熟虑带来的结果。"

　　我刚才证明了政府随着官员的增多而松弛懈怠,前面我还证明了人口越多就越需要更大的镇压力量。由此得出,官员与政府的比例关系应该和臣民与主权者的比例关系相反;也就是说,国家越大,政府就要越小;随着人民的增加,统治者数量要相应减少。

　　此外,我这里只谈政府的相对力量,不谈它的正直性:因为相反,官员数量越多,团体意志就越像普遍意志;而在唯一的官员的情况下,同样的团体意志,如我之前所说,就是一种个人意志。就这样我们在这边失去东西就是我们在那边得到的,立法者的手法就是知道为总是互为反向比例的政府的力量和政府的意志确定一个点,两者在此点上以最有利于国家的比例结合。

## 第三章
## 政府的分类

在上一章我们已经研究过根据构成政府的成员数量来划分政府的不同类型或者不同形式的原因；在这一章，我们将研究如何进行这种划分。

首先，主权者把政府委托给全体人民或者大部分人民保管，以便公民官员多于个别的普通公民。我们把这种政府组织形式称为民主制。

或者主权者把政府收缩到一小部分人手中，让普通公民多于官员；这种形式叫贵族制。

最后，把所有政府集于一位官员之手，其他所有官员从他那里获得他们的权力。这第三种形式最普遍，被称为君主制或皇家制。

我们要注意的是，这三种形式，或者至少前两种，很有可能或多或少地都有一个足够大的变动幅度；因为民主制能包含所有人民或减少到半数人民。而贵族制，从半数人民减少到不确定的极少人数。即便是君主制也可以有某种分配。斯巴达根据其宪法总是有双国王；在罗马帝国同时拥有八位皇帝的时候，我们也不能说帝国是分裂的。因此，每一种政府形式都存在一个点，在这个点上，同下一种形式重叠在一起，我们发现，在三种名称中，政府真的有可能存在的各种不同形式跟国家拥有的公民数量一样多。

另外，同样的政府，在某些方面，被分成其他的部门，用一种方式管理一个部门，用另一种方式管理另一个部门，三种形式的组合会产生大量的混合形式，其中每一种形式都可以通过所有单一形式成倍增加。

一直以来，人们都在争论最好的政府形式，却没有考虑到每种形式在特定条件都可以是最好的，在其他条件下它可能是最糟的。

如果在不同国家，最高级官员的数量应该跟公民数量成反比，因此通常而言，民主制政府适合小国家，贵族制政府适合中等国家，君主制国家适合大国。这条规则直接产生于前面的原则。可那些能产生例外的大量情况怎么算呢？

## 第四章
## 论民主制

　　立法者比任何人都清楚法律的执行和解释。看来不可能有比行政权附属于立法权的组织结构更好的了：但是这种结构在某些情况下会导致政府无法胜任工作，因为本应该区分开的东西被混在一起，君主和主权者同一，形成一个可以说是没有政府的政府。

　　制定法律的人去执法不合适，人民体把注意力从普遍意图转移到具体对象也不合适。没有什么比私人利益影响到公共事业更危险的了，政府对法律的滥用的危害不及立法者的腐化的危害，这正是个人意图带来的不可避免的后果。于是国家的实质也发生了变化，一切改革都无济于事。从未滥用政府权力的人民也不会滥用自己的独立状态；能很好管理国家的人民不用被管理。

088　　若要采用严格意义上的词义，那真正的民主从来没有过，以后也不会有。多数管理而少数被管理，这是违背自然秩序的。我们无法想象人民要不停集中开会忙于处理公共事务，我们能轻松发现为此可能建立各种委员会都会改变政府管理的形式。

事实上，我认为下一条可以作为原则提出，当政府的职能被分配到若干法院时，人数最少的那个最终将获得最大的权威，这只是因为事务处理更加便利，自然而然就有了这个结果。

另外，民主制政府也没有料到有这么多难以集聚的事情！首先，一个国家若太小，那里的人民就容易聚到一起，每位市民都很容易认识其他所有人；其次，习俗的极大简化避免了大量的棘手事务和争论；再次，在社会地位上和拥有的财富上的均等／平等程度很高，否则在权利和权威下的平等难以长期存在；最后奢侈极少甚至没有，或是因为财富带来奢侈，或者奢侈使财富成为必需品；它同时腐蚀着富人和穷人，前者因为占有，后者因为贪婪；它把国家卖给了懒惰和虚荣；它夺走了国家的所有公民，它使一些人成为另一些人的奴隶，而所有人成为舆论的奴隶。

这就是为什么一位著名作家把美德作为共和国的原则，因为若没有美德，这些条件无法存在；但因为他没有做必要的区分，这位卓越的天才经常缺少精确，有时候不够明晰，没有发现主权权威处处相同，而相同的原则应该出现在每一个结构良好的国家，或多或少地，确实，这个要根据政府的形式来定。

让我们补充一点，没有哪种政府像民主政府和民众政府这么易遭受国内战争或者内部动乱的了,因为没有哪种政府有如此强烈而持续的倾向去改变形式,也没有哪种政府要求更高的警觉性和勇气以维持在自身形式中。尤其在这种体制中,公民应该用力量和坚韧武装自己,他应该在生命中的每一天,在内心深处,重复道德高尚的省长[1]在波兰议会上曾经说过的话:我宁愿伴有危险的自由,而不愿安宁地受奴役。

如果有上帝的子民,他们会民主地自治。可惜如此完美的政府并不适合人类。

---

1 | 波森省的省长,波兰国王的父亲,洛林地区的公爵。

# 第五章
# 论贵族制

我们这里有两个完全不同的法人,即政府与主权者;因此有两种普遍意志,一种是对全体公民而言的,另一种是对行政当局成员而言的。因此,尽管政府能随心所欲地安排内部治安,却从来不能以主权者的名义向人民讲出,即以人民自己的名义;这一点永远不能忘记。

最初的社会实行的是贵族制统治。家族首领们在他们之间商议公共事务。年轻一辈轻易地屈服于经验的权威。由此产生了"祭司"、"长者"、"元老院"、"老人政治家"等词。北美洲野蛮人到如今还在以这种方式进行着自我治理,并且治理得相当好。

好景不长,随着制度带来的不平等慢慢压倒自然的不平等,财富或者权力[1]的受欢迎程度超过了年龄,贵族制变成了选举制。最后,权力随着父亲的财富传给了后代,也使这些家族成为贵族,政府成为世袭政府,二十岁的元老院成员也能看到了。

由此有了三种贵族制:自然的、选举的、世袭的。自然的只适合于纯朴民族;世袭的是所有政府形式中最差的。选举的是最好的:这也是狭义上的贵族制。

除了两权区分开的优势,它还有成员选择权的优势;因为,在民众政府中,所有公民生来即是官员;但贵族制政府把官员人数限定到极少,只能通过选举获得职位[2]:正直、开明、有经验以及其他受公众喜爱和敬重的理由构成了同样多的人们被明智地统治的新保障。

另外,集会的举行更加方便;事务的讨论更加有效,得到了更有条理更高效的处理;相较于无声望的或受鄙视的民众,国家的对外声望因为人敬仰的元老院议员保持得更好。

总之,当人们确定最贤明的人来统治民众是为了后者的利益而非自身的利益时,那么这就是最好最自然的秩序。不应该白白增加权限层级,不需要把一百个人能做得更好的事交给两万人去做。需要注意到团体利益开始较少地把公共力量引向普遍意志的标准,还要注意到另一个不可避免的趋势会使法律丧失一部分行政权。

考虑到一些特殊的社会习俗,国家不应该太小,人民不应该太纯朴太正直,以致法律的行使直接由公共意志决定,如同在一个好的民主制国家中一样。民族也不应该太大，为了统治整个民族以致分散的官员在各自的管辖区能摆出主权者的姿态，使自己独立直到最后能成为主人。

尽管贵族制要求的美德相比民主制所要求的少了些许，却有些自己特有的美德要求，比如富人要节制，穷人要知足；似乎严格的平等不太适合贵族制；它在斯巴达也没有得以遵守。

另外，这种形式之所以包含着某种财富上的不平等，是因为通常情况下，公共事务的处理被委托于能够把时间贡献给这些工作的人，而不像亚里士多德所声称的，为了让富人总是更受欢迎。相反，更重要的是截然不同的选择有时候教育人民，让他们知道人的美德比人的财富更值得偏爱。

---

1　非常清楚的是，"贵族派"一词在古希腊古罗马时代并非表示最好的，而是最强大的。
2　通过法律把行政官员选举形式确定下来是非常重要的：因为让选举被统治者意志支配难免会陷入世袭贵族制，威尼斯共和国和伯尔尼共和国都出现过这种情况。所以前者早就是一个解体的国家，而后者靠元老院的极限智慧维持着；这是一个十分可敬又十分危险的例外。

## 第六章
## 论君主制

到此，我们已经把君主看作了一个法人和集体人，这个人通过法的力量统一起来，是国家行政权的占有者。现在我们需要考虑这个集于自然人、一个真正的人的手中的权力，只有他有权根据法律支配这种权力。这种人被称为君主或国王。

和其他的政府是一个集体人代表个人完全相反，这个政府是个人代表一个集体人；这就导致构成君主那种道德的统一同时也是一种肉体上的统一，在其他制度下，法律需要极大的努力才能把各种权力集中起来，而在这里法律的所有权力都自然而然地集合在了一起。

因此，人民的意志，君主的意志，国家的公共力量，政府的力量，这一切都适合相同的动力，所有机器的动力掌握在同一只手中，所有的运行都朝向同一目标；没有任何互相毁灭的对抗运动，我们想象不出任何类型的机构能用更少的力气产生更大的作用。阿基米德，安静地坐在河边，毫不费力地拉动一艘漂浮的巨轮，在我看来，他就像是一位能干的君主，坐在自己的房间掌管他幅员辽阔的国家，驱动一切而自身保持不动。

但是，如果没有更有活力的政府，也就不会有这样的政府存在，在那里个人意志有更多的权威，能更轻易支配其他意志。所有的运行都朝向同一目标，这是事实；但是这一目标并非是为了人民幸福，就连行政力量本身也不停地朝着妨害国家的方向转变。

国王们想要绝对权力，人民远远朝他们呼唤着，说获得绝对权力的最好方式是受到人民的爱戴。这条箴言非常好，某种程度上看非常真实：不幸的是，在宫廷里，它常受到嘲笑。从人民的爱戴中来的权力可能是最强大的，却是不牢固且附有条件的，君主永远不会满足于此。即使是最好的国王也都想拥有随心所欲的行恶的能力同时还能维持王位。喜欢说教的政治家跟统治者说，人民的力量就是国王的力量，国王最大的利益就是人民富强、兴旺、强大；但这种说教将是白费口舌。他们的个人利益首先是人民弱小而贫困，永远无力反抗。我承认，假定臣民总是完全地服从，统治者的利益还是在于人民能够强大，以便这种强大的力量变成自己的，使人民令邻国生畏；但是，由于这种利益是次要的从属的，并且两种假定不可并存，君主们理所当然地会倾向于能即时产生效用的准则。这就是撒母耳在希伯来人那里极力表现的；也是马基雅维利向我们清楚表明的。他假借给国王上课，实则给人民宣讲这伟大的课程。马基雅维利的《君主论》是共和主义者之书。[1]

我们通过一般比例关系发现君主制只适合大国；从其内部审视它得出的也是同一结论。公务人员数量越大，君主与臣民的比例就会减小趋于相等，最后比值为1或者相等，在民主制下也是如此。这一比例随着政府的变小而增大，当政府集于一人之手时该比值达到最大值。此时，君主和人民之间的距离遥远，国家缺少连接。为了形成连接，就需要一些中间等级，需要王族、大领主、贵族来填补这些等级。这些全都不适合小国，它会毁在这些等级手中。

但是，如果说治理好一个大国很难，那么一个人治理好一个大国更难；每个人都明白国王有了代理人会发生什么。

有一个不可避免的基本缺陷，会一直让君主制政府不如共和制政府，在共和制中，公共意见只会把开明能干的人升到首要地位，他们对能履职感到非常荣幸；而在君主制中，发迹的是卑鄙的糊涂虫、无赖骗子、阴谋家，凭借小聪明在宫廷达到高位，一旦达到高位，面对公众显出的只能是他们的荒谬无知。相比于人民，君主更容易用人不察；真才实学之人能入阁的稀有程度同愚蠢之人担任共和政府首脑中的稀有程度相当。此外，在非常幸运的偶然情况下，在已经被一群干得不怎么样的管理者弄得面目全非的君主制下，某个生来就是治理国家的真才实学之人来执掌政权，人们惊讶于他找到的对策，这是划时代的。

为了治理好一个君主制国家，这个国家的大小或幅员要与治理者的才能相匹配。征服比治理容易得多。借助一根足够长的杠杆，一根手指就能撬动地球；但是想要撑起整个世界，则需要赫拉克勒斯的双肩。只要国家稍微大一点，君主几乎就显得极小。相反，当出现国家相对于统治者来说过小，这种情况极其罕见，国家依旧治理不好，因为统治者，总是听凭他见解的伟大，忽略人民的利益，相比于缺少才能而受限的统治者，滥用过剩的才能的统治者并没有使人民的不幸减少。可以这样说，一个王国每个统治期下的扩张或收缩需考虑统治者的能力范围；相反，元老院的能人采取的措施更固定，国家的边界也就恒定了，国家治理就不会太糟。

单人政府最明显的缺陷是缺少连续的继承，这种连续的继承在另外两种政府形式中形成一种未中断的连接。一位国王去世，另一位需要上任；选举会留下危险的间隙；这种间隙期是动荡不安的，除非公民有着政府所不具备的无私正直，否则阴谋诡计和腐化堕落也将混入其中。国家被出卖给这个人，很难说这个人不会将国家再次卖出，被强者勒索的钱财很难不从弱者那里捞取补偿。迟早在这同一治理下，一切都变成金钱交易，人们在国王统治下所享受的和平比王位空位期的无序更糟。

人们曾经做过什么来预防这些缺陷？在某些家族中把王位变

成世袭；建立继承顺序防止国王去世后的王位争夺；也就是说，用摄政的缺陷代替选举的缺陷，相比于圣贤的治理，人们更喜欢表面的安宁，人们宁愿冒着孩子、怪胎、弱智当统治者的危险，也不愿为贤王的选择而争论。人们发现面对取舍的风险时，所有运气几乎都被放在了和自己相对的一边。这句非常合乎情理的话是小狄奥尼修斯说的，当时他父亲指责他所做的一件不光彩的事情，说："我跟你示范过吗？""啊，"儿子答道，"因为您的父亲不是国王啊！"

一个人被培养成指挥他人的时候，所有的一切都将协助去剥夺他的正义和理性。据说人们花了很多心血，是为了将统治的艺术传授给年轻的君主；这种教育似乎对他们不起作用。最好还是从教他们服从的艺术开始。历史颂扬的伟大君王受到培养，可不是为了成为统治者；这门学问学得太多反而会掌握不了，通过服从比通过指挥学到的东西更多。"最简洁有效的区别好坏的方法是当不是你而是另一个人是一国统治者的时候，想想你最想要的或者最不想要的东西[2]。"

皇室政府的不稳定性是缺少一致性的结果，这种政府时而根据这个规划时而根据那个规划施政，完全要根据统治君主或者其代理人的性格而定，因此不能持有一个固定的目标和一个一贯的行为。这种变动让国家犹豫不决，从一个准则到另一个准则、从一个计划到另一个计划，这种变动并没有出现在其他形式的政府，因为那些政府的君主总是不变的。我们还发现通常来说，如果说宫廷里多尔虞我诈，那元老院里却是睿智审慎，而共和政体用更坚定受到更多遵循的观点来达到目的，而不会出现每次政府部门的变革都会引起国家的变革，对所有大臣和几乎所有国王而言，其共同准则是将前任的所有事情倒过来做。

一种王族政治家之间常见的诡辩的了结摆脱了这种不连贯；这不仅仅是把国内政治比作家庭政治，把君主比作一家之主，这种谬论已受到驳斥，而且还慷慨地将行政官员所需要的全部美德给予他们，总是假定君主就是他应该成为的样子：借助这种假定，皇室政府显然比其他形式政府更可取，因为它是无可辩驳的最强有力的政府，若不是缺少一个更适合普遍意志的团体意志，它还会是最好的政府。

在柏拉图看来[3]，天生的国王是很稀少的，天性和命运要汇合多少次才能为他加冕？如果皇室教育腐蚀了受教育的皇族，那我们还能对后续不断地被培养当国王的人期望什么呢？把皇室政府和一个好国王的政府混淆起来，这是自欺欺人罢了。为了能了解这种政府的本质，要把它放在昏君或者暴君统治下考量；因为他们登上王位时即是昏庸残暴，或者王位使他们变得昏庸残暴。

我们作家并非没有遇到这些困难，但是他们为此没有感到困惑。唯一的药方，他们说，就是毫无怨言地服从；上帝在生气时就会带来庸君，我们得当作上天的惩罚来承受。这可能是大有教益的言论，但是我不确定的是，它放在讲道台难道不比放在一部政治作品中更合适。无论医生怎么保证有奇迹发生，所用的每一种技巧都可归为劝告病人保持耐心？我们非常清楚当我们有一个糟糕的政府时，需要忍受它；问题也就成了如何找到好的那一个。

1 | 马基雅维利是一个正直的人，也是一个良好公民；受雇于美第奇家族，他被迫在祖国受到压迫时掩盖对自由的向往。他一个人选择可憎的英雄，这足以表明他隐藏的意图，他的《君主论》中的准则和《论李维》、《佛罗伦萨史》中的准则的对立表明这位思想深刻的政治家至今只有肤浅堕落的读者。罗马宫廷严厉禁止他的书，我非常理解；因为他的书中描绘最清晰的就是罗马宫廷。
2 | 塔西佗：《历史》第一卷。
3 | 《政治家篇》。

## 第七章
## 论混合制

从严格意义上说，没有单一制政府。单个领导者要有下级官员；人民政府也要有一个领导者。因此，在行政权的分配上，总是有一个从多数到少数的等级差，根据这种差异，时而少数决定多数，时而多数决定少数。

有时候，这种分配很均衡，或者当各组成部分相互从属，比如英国政府；或者当每个部分的权威独立却不完善，比如在波兰。后一种形式是坏形式，因为政府没有协调一致性，国家缺少连接。

单一制政府还是混合制政府，哪一个更好？政治家们激烈讨论过这个问题，这个问题的答案应该跟我在前文中讨论所有形式的政府时得出的答案一致。

单一制政府，从其本身来说是最好的，因为其本身是单一的。但是当行政权不太依附于立法权时，也就是说当君主对主权者的比率大于人民对君主的比率时，要通过分割政府来弥补这个比例缺陷；因为这样，政府的各个部分对臣民的权威并没有减少，这种分割使它们即使组合在一起也没有强大到能反抗主权者。

我们还可以通过设立中间层的行政官员来预防这种缺陷，这些行政官员能保持政府的整体性，仅仅起到平衡上述两种权力并保证其各自权力的作用。那么此时的政府不是混合的，而是克制温和的。

我们可以用相似的方法来补救相反的缺陷，当政府过于松弛时，设立法庭使之集中；所有民主制国家都是这样做的。在第一种情况，分割政府是为了削弱它，而在第二种情况，是为了加强；最大的力量和最大的弱小都能在单一制政府中看到，相反，混合制则产生了中等力量。

## 第八章
## 无一政府形式适合所有国家

自由,不是任何气候都能结的果,因此也不是任何民族都能获得的。对孟德斯鸠建立的这条原则思考得越深就越感受到其中的真谛;越反驳它,越有机会通过更多新证据来证明它的正确。

在世界上的所有政府中,公务人员只消费不生产。这些消费品从哪里来?从成员的劳动中来。个人产生的剩余满足了公众的所需。由此得出,公民状态只有在人的劳动产出超过其需求的时候才能存续。

然而,这种盈余并非在世界上所有国家都一样。有几个国家有大量盈余,有的国家很少,有的国家没有盈余,有的国家盈余为负。这种比率跟气候条件好坏、土地需要的劳作种类、产品的性质、居民的体力、他们必需的消费量以及构成这种比例的多个其他相似比例等有关。

另一方面，不是所有政府都是同样的性质；其中有一些或多或少带着贪婪，其差异建立在另一原则上，即公共赋税离来源越远，其负担越重。不是从征税额来衡量这个负担，而是从税收被征收然后回到手中要走过的路程。当这个循环进行迅速又设立规范时，人们多纳还是少纳无所谓，人民总是富裕的，国库总是充盈的。相反，无论人民纳的税是多么的少，当这一点点的税都回不到人民手中时，不断地交税，很快人民就枯竭了：国家永不再富裕，人民永远是乞丐。

由此看来，人民跟政府的距离越大，贡税也就越沉重：因此，在民主制下，人民负担最轻；在贵族制下，人民负担较重；而在君主制下，人民的负担最重。君主制只适合于富裕国家；贵族制适合于富裕程度中等并且疆域大小中等的国家；民主制适合于小且穷的国家。

事实上，思考越深入，越能在其中发现在自由国家和君主制国家之间的差异。在自由国家，一切都用于公共利益；而在君主制国家，公共力量和私人力量是互逆的，一个的减弱会带来另一个的增长；总之，专制政治来统治臣民不是为了使他们幸福，而是为了使他们贫苦从而支配他们。

在每种气候下都存在相应的自然因素，我们可以根据这些自然因素来指定政府的形式，因为政府的形式受气候影响，我们甚至可以说出每种气候所应具有的居民类型。

在种不出东西的贫瘠土地上，劳动产出与劳动投入不相称，就应该让这种地方继续荒芜继续无人居住，或者由野蛮人居住；人的劳动产出仅仅恰好与人的所需相当，这种地方应由蛮族居住，一切政体都是不可能存在的；劳动产出超出劳动投入的部分不多，适合自由的民族；在富饶肥沃的土地上只需要很少的劳动投入就能有大量产出，这些地方需要以君主制方式统治，通过君主的奢侈来耗尽臣民过多的剩余物；因为让政府来消耗这超出部分比让民众来挥霍要好得多。例外还是有的，我知道；但是这些例外都能证明这条法则，它们迟早会产生变革，这些变革使一切重回自然秩序。

我们要区别开特殊原因和一般规律，前者只能改变一般规律的效果。当整个南部的国家都是共和政体，整个北部国家都是专制政权，依然是事实的是，受气候影响，专制适合气候炎热的地带，野蛮适合气候寒冷的地带，而好的政体适合气候温和地带。我还发现，虽然承认这一原则，但在具体应用上还是有争论：有人会说寒冷地带也有富饶的，炎热地带也有贫瘠的。但是这个困难，对那些不把事物放在其各种比例中考察的人来说才是困难所在。正如我之前说过的，还需要依靠劳动、力量、消费等。

假定两块同等的土地，一块产出量为五个单位，另一块为十个单位。如果第一块土地上的居民消费了四个单位，第二块土地的居民消费了九个单位，前者产出的超出部分为五分之一，后者为十分之一。这两种超出的比值跟产出量的比值是相反的，产量为五个单位的土地的超出比值是产量为十个单位的土地的两倍。

但是问题不在于产量翻番，我相信没有人敢说通常情况下寒冷地带的肥沃度能和炎热地带的肥沃度相当。尽管如此，还是让我们假定它们相当；比如随意举例，英国和西西里岛，波兰和埃及；再往南，我们还有非洲和西印度群岛；再往北，我们什么都没有了。为了实现这种产出的相当，耕作上的差异得有多大。在西西里岛耕种，只需要浅耕；而在英国，需要多少辛劳和汗水啊！然而，后者为了达到产出相当，人手需要得更多，剩余物必然还是更少的那个。

除此之外，你们还要考虑到，同样的人口数量在炎热地带的消耗量要少得多。气候要求人们饮食节制以保持身体健康：欧洲人如果想在那里生活得跟他们在之前的居住地一样，全部都会死于痢疾和消化不良。"我们是，"夏尔丹说，"食肉动物，是狼，跟亚洲人比起来。有几个人把波斯人的饮食节制归因于他们国家的耕种不足，而我认为恰恰相反，他们国家食物没有那么丰富是因为他们人口不需要那么多食物。""如果他们的饮食上的节制是全国性的缺粮的结果，"他接着说，"只剩下吃得极少的穷人，而不是通常来说的所有人；在每个省人们根据所在地区的肥沃程度吃得多点或者少点，而不是整个王国全都在节制饮食。他们非常满意自己的生活方式，他们说只需要看他们的脸色就能明白他们的生活不知道要比基督教徒的生活好多少倍。事实上，波斯人的面色是均匀的，他们的皮肤很美，细腻有光泽；而且作为他们的臣民的美尼亚人，生活方式是欧洲的，其面色粗糙，酒糟鼻，体型肥硕笨重。"

越靠近赤道，人们生活越俭朴。他们几乎不吃肉；大米、玉米、麦粉团、黍、木薯饼是他们的日常食物。在印度群岛的数百万人每天的食物价钱不超过一苏。在欧洲我们同样能发现北部民众和南部民众食欲上的明显差异。一份德国人的晚餐一个西班牙人可以吃一周。在民众食欲旺盛的国家，奢华也扩大到了消费品领域：在英国，奢华显示为一桌肉菜；而在意大利体面的款待则体现为糖和花。

服装上的奢华也带来了相似的差异。在季节变化迅猛的气候下，人们的穿着适用而简洁，在人们穿着只是为了装饰的气候下，寻求光彩照人而非实用，此处服饰本身就是一种奢华。在那不勒斯，你们每天都可以看到在波西利波散步的人，穿着镀金外套，没有一丝廉价感。房屋也是如此：当人们不再为空气侵蚀而感到任何担忧时，就把一切变得豪华宏伟。在巴黎，在伦敦，人们想住在有暖气且配套齐全的房子里；在马德里，人们住的房间的客厅很棒，却没有能关闭的窗户，睡觉就在狭小的陋室。

炎热地带的食物要丰盛美味得多；这第三种差异必然会对第二种差异造成影响。为什么意大利的人们要吃这么多的蔬菜？因为它们品质好，有营养，味道好。在法国，蔬菜是靠水培育的，没什么营养，在餐桌上的价值几乎可以忽略不计；然而它们依然占据着土地，还要耗费同样多的辛苦劳作去种植。这是巴巴利地区种植小麦的经历，另外这些小麦在法国的南边，能产更多面粉，而法国的小麦，又比北方的小麦产出更多面粉。由此我们可以推论出一个相似的级差在从赤道到北极这同一方向上通常能被观察到。然而，在同样的产出下有更少的食物量难道不是明显的劣势？

在这些不同的考量基础上，我还要再加上一个从中产生的并能加强这些考量的论述：炎热国家相比寒冷国家需要更少的居民，并能养活更多的人口；双倍的剩余总是有利于专制政治。同样的人口占据的面积越大，反抗就变得越困难，因为这时人们就没法迅速而隐秘地共同商议，却总是让政府能非常容易地揭露计划和切断联系。但是为数众多的民众的相互关系越密切，政府就越难侵犯统治者；统治者也在商议，当然是在他们的内廷，就像君主在他的枢密院一样，一群人在广场集合，就像军队在营地集合那样迅速。专制政府的优势是能在远距离起作用。通过它给自己准备的这些支点，它的力量随着距离变大而增大，就像杠杆的力量[1]。人民的力量，相反，集中起来才起作用，若延展开来就会变小直至消失，就像分散在地上的火药的作用，只能一点一点地燃烧。人口最少的那些国家也是最适合僭主统治的：猛兽只能在荒无人烟之地主宰一切。

1 | 这和我前面第二卷第九章中所说的有关大国的缺陷并不矛盾：我在那里论述了政府对其成员的权威，这里谈到的是政府对臣民的力量。政府分散的成员如同一个个支点，通过它远距离地对人民起作用，但政府没有一个支点来直接对其成员起作用。杠杆的长度在这种情况下是弱点，在那种情况下却是优点。

# 第九章
# 好政府的特征

当有人一定要问到底哪种政府是最好的,这是一个既不明确又难解的问题;或者,如果人们愿意的话,这个问题的解答同民族的绝对和相对地位的各种可能的组合数量一样多。

但是,如果问到从哪种特征能看出假定的某个民族被统治得好或者不好,这是另一回事,这个问题实际上就有解了。

然而,人们并没有解决这个问题,因为人人都想用自己的方法来解决。臣民称赞社会安宁,市民称赞个人自由;前者更喜欢占有物有保障,后者更喜欢人身的安全;前者希望最好的政府也是最严厉的政府,后者则希望是最温和的政府;前者要求惩罚犯罪,后者要求预防犯罪;前者觉得人们令邻居敬畏很好,后者更愿意人们都不为邻居所知;前者看到钱流动起来很高兴,后者只要求人民有饭吃。我们即使会对这些情况和其他类似情况达成一致，这样我们就更进一步了吗？道德数量缺少明确的标准，即使对特征达成了一致，如何在评价上达成一致呢？

对我来说，我一直惊讶于人们认不出这个简单的特征，或者恶意地不承认。政治团体的目的是什么？是人民的存续和繁荣昌盛。最能体现这种存续和繁荣昌盛的特征是什么？是居民人数和人口状况。不要去别处找这个有争议的特征。此外，如果所有情况都一样，在一个政府的统治下，不需要外国移民，不放开入籍，不依靠殖民地，公民人数越来越多，这时的政府必然是最好的。人口减少，日趋衰败，那这个政府就是最糟的。计算师们，现在你们的工作来了，去计算、衡量、比较[1]吧。

---

[1] 根据同样的原则，我们可以判断哪些世纪值得当选最能体现人类繁荣昌盛的世纪。我们过于赞赏文学和艺术繁荣的世纪，没有深入了解其文化的隐秘对象，没有考察有害的影响，"无知者把奴役称为人道"。我们从来没有在书中的格言里看出让作者说话的赤裸裸的利益吗？没有，不论他们可能说什么，当一个辉煌的国家人口减少，一切都顺利就不会是真的，一位诗人有十万古斤银的收入也不够让他所在的世纪成为所有世纪中最好的。要少考虑表面的安宁和统治者的安稳，而要考虑整个民族的福祉，特别是那些人口众多的国家。冰雹破坏了几个区，但它很少造成饥荒。暴乱和内战会令统治者胆战心惊，却不会给人民造成真正的悲惨，人民反而能在人们争论谁将是下一位暴君中得到暂时的放松。他们真实的兴旺发达或天灾人祸都是从这种持久的状态中产生；当一切都在奴役下不堪重负，一切日趋衰败；统治者才能轻易地将其摧毁，"在他们制造废墟的地方，他们称之为和平。"当统治者们的烦心事令法兰西王国动荡时，巴黎的副主教口袋里揣着匕首来到议会，这并没有阻止法国人民幸福地、人口繁盛地过着自由小康

的生活。从前,希腊在最残酷的战争中繁荣起来;血流成河的同时,人口遍布整个国家。马基雅维利说:"看来,在谋杀、流放、内战中,我们共和国变得更为强大了;公民的美德、风尚和独立对国家力量的强化更有效,相比于所有纠纷对国家的削弱作用。一点点的动荡就能给人以活力,真正让人类繁荣的不是和平而是自由。"

第十章
# 论政府的职权滥用及其蜕化倾向

　　由于个人意志不停地对抗普遍意志，因此政府也不断用力对抗主权。用力越大，政体就变化越大，由于这里没有抵抗君主意志的团体意志，并与前者保持平衡状，君主迟早都会压迫主权者并废除社会契约。这是固有的不可避免的缺陷，从政治体诞生之日起，以摧毁政治体为目标不停地行动，如同衰老和死亡摧毁人的身体一样。

　　一个政府的蜕化变质之路有两种普遍途径：即，当它收缩的时候或当它解体的时候。

　　政府的收缩体现为它的大量人口锐减到很少，也就是说从民主制到贵族制，从贵族制到君主制。这是政府的自然倾向[1]。如果政府人口从少量倒转回到大量,我们可以说它松弛了,但是这种逆向进展是不可能的。

事实上,政府绝不会改变形式,除非到了它用尽的活力使其衰弱到无法保持其形式的时候。然而,如果政府随着扩张而松弛,它的力量就会变得完全无效,它的维持会更加艰难。应该重新配上并紧紧抓住政府出让的权限,否则它维持的国家就会日趋衰败。

国家的解体的出现有两种方式。

第一种,当君主再也不能通过法律统治国家并篡夺了主权的时候。那么,值得注意的变化出现了:不是政府在收缩,而是国家在收缩。我想说大国家解体了,在大国家内形成了另一个只由政府成员构成的国家,对于剩下的人民来说,只能是他们的主人和暴君。因此,政府一篡夺主权,社会契约就被废除,所有普通公民,理所当然地重获他们的天然自由,这时他们的服从是被迫的而不是负有义务的了。

当政府成员分开篡夺只能由他们整体行使的权力时,同样的情况也会发生;这同样是违法行为,它带来的混乱更盛。因此可以说,我们有跟官员一样多的君王;国家分裂不比政府少,不是灭亡就是改变形式。

当国家解体时,政府滥用权力,无论它是怎样的政府,都是用无政府这个共用名。民主制蜕变为群氓政体,贵族制蜕变为寡头政治;我还要加上:君主制蜕变为僭主政治,这最后一个词有歧义,需要解释清楚。

在通俗意义上，暴君是指一个粗暴统治并且不注重正义和法律的国王。在准确意义上，暴君是指一个无权享有王权却擅取王权的人。古希腊人从这一意义上用了这个词表示僭主；他们不加区分地把这个词用在好君主或者坏君主身上，只要他们的权威是不合法的[2]。所以，暴君和篡位者完全是同义词。

为了给不同的事物起不同的名字，我把王权篡夺者称为僭主，把主权篡夺者称为独裁者。僭主是违背法律而干预政权，同时依法统治；独裁者则是将自己置于法律之上。因此僭主可以不是独裁者，而独裁者总是僭主。

---

[1] 威尼斯共和国在其潟湖中的缓慢形成和发展为这种接续提供了显要的例证；令人惊讶的是，已经过了一千两百多年，威尼斯人还处在第二阶段，这个阶段始于1198年的议会解散。至于人们非难的古代大公们，无论《威尼斯自由论》这本书怎么讲，可以证明他们不是主权者。人们必然会用随后的罗马共和国来反驳我，一个完全相反的进程，从君主制到贵族制，从贵族制到民主制。我远不是这样想的。罗慕路斯建立的第一个政府是一个混合制政府，很快这个政府就蜕化为专制政府。由于一些特殊原因，国家过早地灭亡，如同我们看到一个新生儿还未成年就死去。塔克文全家被驱逐真正标志着罗马共和国时期的到来。但是一开始，共和国并没有采取稳定的形式，贵族等级的废除失败意味着工程只完成了一半。因为合法行政制度中最糟糕的是世袭贵族制，它通过这种方式一直和民主制冲突着，政府的形式总是变动不定，正如马基雅利所证实的，直到建立起护民官制度才稳定下来；由此才有了真正的政府和真正的民主制。事实上，人民不仅是主权者还是行政官员和法官，元老院只是一个减弱或者抑制政府权力的从属法院，而执政官本人，尽管是贵族，是首席行政官，还是战时的绝对统帅，

在罗马只不过是人民的主席。从此以后，我们看到罗马政府按照其天然习性急剧地滑向贵族制。贵族制好像是自己废除了自己，贵族不再像日内瓦和威尼斯那样局限在贵族群体中，而是在包含了贵族和平民的元老院实体中，甚至在开始篡夺有效权力的护民官群体中：名称无法影响到事物本身，当人民有了为他们治理国家的领袖，无论这些领袖用着什么称呼，总归是贵族制。贵族制的滥权导致了内战和三头政治：苏拉、尤利乌斯·恺撒、奥古斯都事实上都成了真正的君主。最后，国家在提比略的专制统治下解体。因此，罗马的历史并没有违背我的原则，而是进一步证实了它。

2　"在一个习惯自由的国家里，永远当权的人都会被称为或视为暴君。"引自尼波斯的《米提亚德传》。确实，亚里士多德在《尼各马可伦理学》第八卷、第十章中区分开了暴君和国王，前者是为了自己的利益而统治，后者只为其臣民的利益；但是不仅仅一般而言所有希腊作家把这个词用在另一个意义上，尤其像色诺芬写的《暴君希罗》那样，从亚里士多德的这一区分中可以推论出自从世界诞生之日到现在，还没有一个国王存在过。

## 第十一章
## 论政治体的消亡

这就是组织形式最好的政府的天然不可避免的倾向。如果斯巴达和罗马都灭亡了,还有哪个国家能希望长存?如果我们想组建一个耐久的机构,就不要想着令它永恒。为了成功,就不要做根本办不到的事,也不要自以为能将人造之物所没有的坚固赋予人类的作品。

政治体,同人体一样,从诞生就开始死亡,自身带着毁灭的因素。但是两者都能有一个或多或少坚固耐用的结构,并且适于将自身保存一段或多或少足够长的时间。人体结构是天然作品;国家结构是人工作品。寿命的延长不取决于人,但是国家延续时间取决于人,只要给它能采用的最好结构,延续时间就会尽可能地长。结构最好的国家也会消亡，但比起别的国家要更晚一些，如果没有任何意外事件导致它过早灭亡的话。

政治生活的原则存在于主权权威之中。立法权是国家的心脏，行政权是大脑，后者引起各部分的运行。大脑瘫痪了，身体还是活着的。一个人可能是弱智，也能活得好好的；可一旦心脏机能停止，生物就死亡了。

国家的存续绝不是依靠法律，而是依靠立法权。过去的法无法约束现在的行为，但是沉默被推定为默许，主权者本可以废止法律而没有废止的话，就被看作是不断地对法律的确认。一旦主权者宣布想要什么东西，就会一直想要这个东西，除非撤销它。

为什么我们如此尊重旧时法律？就是因为这个原因。我们应该相信卓越的古代意志才能令旧法保持得如此之久；如果主权者没有不断地认识到旧法的益处，他早就无数次地将其废除了。这就是为什么在所有构成良好的国家，法远没有衰弱，而是不断地获得新的力量的原因；古代的前例令法律一天比一天令人敬仰；相反当法律处处变得陈旧衰弱，这证明了立法权不再有了，国家也就不再存活。

第十二章
## 主权权威如何保持

主权者,除了立法权外没有其他力量,只能通过法律来行动;而法律不过是普遍意志的公证文件,主权者只有当人民被聚集起来才能行动。被聚集的人民,有人说,简直是异想天开!这是如今的空想,但在两千年前可不是。难道人的本性改变了?

在道德物里,可能的界限比我们想象的要狭小:是我们的弱小、恶习和偏见使界限变得狭隘。低微的灵魂相信不了伟人:卑贱的奴隶用嘲弄的神情笑着自由这个词。

通过已经形成的东西,我们来考察可能会形成的东西。我不谈希腊以前的那些共和国,而罗马共和国,在我看来,曾是一个伟大的国家,罗马城是一个伟大的城市。古罗马的最后一次户口调查显示在罗马有 40 万持有武器的公民，罗马帝国的最后一次人口统计显示有超过 400 万公民，不包括臣民、外国人、妇女、儿童和奴隶。

我们不难想象频繁地集合首都及其周边地区如此庞大人口的困难有多大！然而，罗马人民很少几个星期都不集会的，甚至好几次。他们不仅仅是行使了主权权利，还行使了一部分政府的权力。他们处理一些事务，他们审理一些诉讼案件，这些人民在公共广场上几乎常常既是行政官员又是公民。

回溯到各民族的最初阶段，我们发现大部分古代政府，即使是诸如马其顿人的政府或法兰克人的政府这样的君主制政府，也有着相似的委员会。无论如何，这不容置疑的唯一事实回应了这些难题：从存在到可能，由此得出的结论在我看来应该是好的。

## 第十三章
## 主权权威如何保持（续一）

集中开会的人民有一天能通过批准法律主要部分来确定国家的构成，这是不够的；他们建立起永久的政府，他们为所有法律考虑了官员选举，这也是不够的；除了那些意外情况可能要求的特殊集会之外，还需要有固定的定期的且不能被取消和推迟的集会，人民就这样通过法律被合法召集，而不需要其他任何正式召集通知。

但是，除了这些完全按期举行的法定集会外，任何人民集会，若没有通过担任召集工作的官员召集，根据规定程序，将被认为是非法的，其产生的一切都被视作无法律效力，因为集会命令应该源自法律。

至于合法集会的频率高低，这取决于诸多考虑，在这一点上，没办法给出明确的规定。只能说通常情况下政府越强大,主权者的自我表现就越频繁。

有人会对我说,这可能对只有一个城市的国家很有效,但是国家包含着多个城市怎么办?把主权权威分散?还是把它集中在某一个城市,而让其他城市处于从属地位?

我的回答是两者都不是。第一,主权权威是单一且统一的,一分散就毁掉了;第二,一个城市就如同一个民族,不可能合法地从属于另一个,因为政治体的实质在于服从和自由的协调一致,"臣民"和"主权者"这两个词是同一相关的,两者的概念统一在"公民"一词中。

我还想回应,把许多城市合并成一个城邦总是不好的,当想进行合并时,不可能不自以为能避免合并的天然缺陷。不应该以大国滥用权力来反对只接受小国的人。但是如何让小国有足够的力量来反抗大国?从前有希腊城市抵抗大流士一世,更近点的有荷兰和瑞士共同抵抗奥地利王朝。

然而,如果国家疆界无法缩减到合理大小,还有一个对策,不受首都之苦,让政府轮流在每个城市行政,轮流召集国家的三级会议。

使人口均匀地分布在国土上,在各地推广同样的权利,带去富足和生机;这样国家才能尽可能地成为最强大又治理得最好的。要记住城市的高墙也不过是由乡村的残砖败瓦建筑的。每当我看到一座宫殿在首都拔地而起,就仿佛看到一个村庄变得一片破败。

## 第十四章
## 主权权威如何保持（续二）

人民一旦依法作为主权体集结，政府的司法权便终止了，行政权也随之中止，最渺小的公民变得同一等官员一样神圣而不可侵犯，因为被代表者出现的地方就不再有代表人了。发生在罗马民会上的大部分喧嚣都是来自于对这条规则的不解和忽视。此时执政官只不过是人民的主席，护民官不过是单纯的发言人[1]，而元老院没有任何地位。

在中止间隔期，君主承认或者应该承认有一个实际的高层，而这间隔期一直令君主感到害怕；这些人民集会，保护着政治体，也约束着政府，历来让统治者感到恐惧：因此，他们从不吝惜各种挂虑、提出各种异议、制造各种困难、抛出各种诺言，目的就是让市民嫌恶集会。当公民贪婪、懦弱、胆怯，喜欢安宁多过自由时，就无法长期抵制政府所做的种种努力了；由此，抵制的力量不停增长，主权权威终于消散，大部分的城邦也就过早地衰落和灭亡了。

但是主权权威和专制政府之间，会出现一个中间权力，这点是下面必须要谈到的。

---

1 | 在英国议会，人们赋予这个词几乎同样的含义。这些职位的相似性常让执政官和护民官发生权力冲突，实际上所有的司法权限都中止了。

## 第十五章
## 论议员或代表

　　一旦公共服务不再是公民的主要事务,他们更愿意用他们的钱而非他们身体的时候,国家就已经在灭亡边缘了。要出兵作战?他们可以付钱雇人打仗而自己留在家中;要参加会议?他们可以指定代表而自己则留在家中。因为懒惰和金钱,他们终于有了奴役祖国的士兵和出卖祖国的代理人。

　　这是商业和艺术带来的烦恼,这对金钱的贪婪追求,疏懒而追求享乐,才把人力服务变成了金钱,人们让出一部分利益使其轻易地增长。你们尽管出钱吧,很快就会得到镣铐。"钱财"一词意味着奴役,在城邦中无人知晓。在一个真正自由的国度,市民做什么都是靠自己的双手,而不靠钱;他们花钱远不是为了免去义务，而是为了亲自履行义务。我离共识还差很远；我认为劳役没有赋税对自由的危害大。

在公民的头脑中，国家的结构越合理，公共事务重要性就越胜过私人事务。私人事务量也会变得非常少，因为共同幸福的总量为每个个体的幸福贡献了相当大部分，个体在特殊关照中所要寻求的幸福不多。在一个治理良好的城邦，每个人都奔向集会；而在一个糟糕的政府下，没有一个人愿意朝那里迈出一步，因为没有人对那里所发生的事情感兴趣，人们预料到普遍意志在那里不会占主要地位，最后家务事消耗了一切。良法会让人制定出更好的法，劣法会带来更坏的法。一旦说到国家事务，有人会说：跟我有什么关系？我们可以认为这个国家完了。

对祖国热爱的冷却，个人私利的活跃，国家无边的疆域，常年的征战，政府的权力滥用，这一切让人想出代表或人民代理人在国家集会中所走的路。他们就是在某些国家中被人们敢于称呼的第三等级。这样把两个等级的特殊利益放在了第一和第二的位置，公众利益只能屈居第三。

主权不能被代表，就像不能被出让的原因一样；主权的本质体现在普遍意志上，而意志是不能被代表的：意志就是其本身，或是另一个意志；没有中间状态。人民的代表既不是也不能是人民的代理人，他们只是人民的办事员；对任何事没有最终决定权。任何没有经过人民亲自批准的法律都是无效的，就不能成为法。英国人民认为自己是自由的，大错特错；他们只在议会成员选举期间是自由的：选举一旦结束，人民便成了奴隶，没有任何价值。在这短暂自由期，他们对自由的使用方式就注定他们会失去它。

代理人的概念是现代才有的：它来自极不公正又荒诞的封建政府，人类在这种政府下失去尊严和价值，使"人"这个名字蒙羞。在古代的共和国甚至在君主国里，人民从来没有过代理，也不了解这个词。非常奇怪的是，在罗马，护民官是如此神圣，人们从未想过他们会篡夺人民的职权，他们也从未想过要在广大的民众之间对自己的领袖地位来一场平民会议表决。然而评判民众有时候制造的麻烦有多大，看看格拉古兄弟统治时期所发生的事情就知道了，那个时候有的公民从屋顶上扔下选票。

在法律和自由代表一切的地方，麻烦算不上什么。明智的人民让一切都各就其位：他们让执法官去做护民官不敢做的事；他们不担心执法官有代表他们之意。

然而为了解释护民官有时候如何代表人民，只需要设想一下政府如何代表主权者就行。法只是普遍意志的宣言，很明显，在立法权中，人民是不可被代表的；但是他们可以而且应该在行政权中被代表，因为行政权只不过是运用在法律上的权力。由此可见，在细致考察这些情况，我们发现有法可依的国家是如此之少。不管怎样，可以肯定的是，护民官没有一点行政权，从来不能通过其职位上的权利来代表罗马人民，只能通过侵犯元老院的权利。

而希腊人，人民需要做的任何事情都由人民自己完成：他们不断地在广场上集会。他们居住地气候温和，他们一点儿都不贪婪，有奴隶来做他们的工作，他们的自由才是他们的大事。如果不再有同样的优势，那如何保持同样的权利？你们那更恶劣的气候导致你们有更多的需求[1]；公共广场一年中有六个月时间是待不住人；你们低沉的言语在露天无法让人听见；你们为收入的付出多过为自由，远没有像惧怕贫困那样惧怕奴役。

什么？自由只能将奴役作为支持才能维持？可能是。两个极端互有相似之处。一切不在自然之中的事物都有其缺陷，公民社会相比其他事物更甚。有很多不幸的状况，在这种不幸中，人们只能通过牺牲他人的自由来保存自己的自由，奴隶不能彻彻底底地服从，市民就不能完完全全地自由。这就是斯巴达的状况。对你们来说，现代的人民，你们没有奴隶，你们本身就是奴隶；你们用你们的自由换取了他们的自由。你们夸耀这种偏爱是徒然的，我在偏爱中发现更多的是怯懦而不是人道。

通过这一切我并不是想说必须要有奴隶，或者奴役权是合法的，因为我表明的是相反的态度：我只指出自认为自由的现代的人民有代理人的原因和古代人民没有代理人的原因。无论如何，人民一旦委身于代理人，就不再自由；他们也不再存在。

考察完这一切，我不认为主权者今后能在我们中间继续行使其权力，除非城邦足够小。但是如果城邦非常小，它会被征服吗？不会。我会在下文[2]阐述如何把大民族的对外实力和小国家的宽松治安和良好秩序结合起来。

1. 处于寒冷地带的国家采用东方人的奢侈和疏懒,这是想自己给自己带上枷锁;比东方人更必然地服从于奴役。
2. 这就是我打算在这本书的后续作品中探讨的,在处理外部关系的时候,我终于可以讲到联邦问题。这一题材相当新颖,其领域的原则有待建立。

# 第十六章
## 政府的组建绝非契约

　　立法权一旦建立，同样也要建立行政权了；因为行政权只能通过个别行为来起作用，它不是立法权的本质，自然与立法权相分离。如果主权者有可能被这样看待，有行政权，权利和事实将混为一团，分不清到底哪些是法律哪些不是法律；这种变了质的政治体将很快被暴力折磨，而政治体原本是为了反对暴力而建立的。

　　在社会契约下，人人平等，每个人应该做的事可以由每个人来规定它，而任何人没有权利要求别人做自己不做的事。然而，让政治体得以生存和活动的正是这种必不可少的权利，主权者通过组建政府将这种权利交给君主。

很多人断言组建政府这一行为是在人民和其产生的领袖之间的契约，通过契约规定了两者之间的条件，在这些条件下，一方承担发号施令的义务，另一方承担服从遵守的义务。我深信，人们会承认这是一种奇怪的缔结契约的方式。但是让我们看一看这种观点是否站得住脚。

首先，最高权威不能被更改，正如它不能被让与一样；限制它等同于摧毁它。主权者让自己有了一个上级，这种说法是荒谬且矛盾的；强迫自己服从一个主人，这是使自己重新处于完全自由的状态。

此外，很明显的是，这份人民与这样一些人或者那样一些人之间的契约是个人行为；由此证明这份契约不可能是法律，也不可能是主权行为，因此，它是不合法的。

人们发现契约签订双方相互之间都是处在唯一的自然法之下，而相互的承诺没有任何保证，这从各方面来说都是和公民状态相违背的：权力在手的人总是执行契约的主人，这等同于把契约一词赋予这样的行为，一个人对另一个人说："只要你能还给我你想还的，我就把我的一切财产都给你。"

国家只有一种契约，那就是结合的契约。这种契约把其他契约排除在国家之外。人们无法想象任何公共契约的存在对第一个契约不是一种违反。

## 第十七章
## 论政府的组建

应该从哪个概念设想政府组建所展现的行为呢？首先我看到这个行为是复合的，或者说由另外两个行为构成，即：法律的建立和法律的执行。

通过法律的建立，主权者做出决定，要有一个政治体以这样或者那样的方式建立；显然，这一行为是法律。

通过法律的执行，人民任命将负责管理刚建立的政府的统治者。然而，这种任命是个人行为，不是第二个法律，仅仅是第一个法律的结果，是政府的一种职能。

困难在于如何理解人们在政府存在之前就有政府行为，为何只作为主权者或者臣民的人民在某些情况下能变成君主和官员。

在这里政治体的一个惊人的属性暴露出来,通过这一属性政治体把那些表面上相互矛盾的活动调和一致;因为这种活动通过从主权到民主制度的突变而完成,结果没有任何明显的变化,只有通过所有人和所有人之间的一种新的关系实现,公民变成官员,把普遍行为变成个别行为,从法律到实施。

这种关系的变化不是一种没有任何实际案例的精妙哲思,这种变化在英国议会上天天都会上演,在那里下议院在某些场合会变成大委员会,以便更好商讨事务,从前一瞬间的主权法庭变成为单纯的委员会;由此它又作为下议院,自己给自己做报告,报告它刚刚在大委员会上所制定出的那些章程条例,在一个头衔下重新审议已经在另一个头衔下已经决定了的事。

这是民主制政府特有的优势,能从事实上通过普遍意志的一次简单行为而建立。随后,这个临时政府继续拥有这种优势,如果政府所采取的正是这种形式,或者以主权者的名义依法建立;一切都在法则下运行。不可能再有任何其他合法的方式来建立政府的同时而不放弃如前所建立的原则。

## 第十八章
## 防止政府篡权的方法

从这些解释得出，根据第十六章的证实，组建政府的行为不是一条契约，而是一种法律；行政权的行使者绝不是人民的主人，而是人民的官员；人民可以随意任免他们，对他们来说订约是不可能的，只能服从；在承担国家指定的职责时，他们只是在履行公民的义务而没有任何权利去商讨条件。

因此当人民创建一个世袭政府的时候，或者是家族里的君主制，或者是一个公民阶级的贵族制，都不是他们做出的承诺：这是他们赋予行政机构的临时形式，直到他们乐意安排别的形式。

这种改变确实总是危险的，所以永远不要对已建立政府做出改动，除非它变得和公众利益不可调和；这种审慎只是政治准则，而不是权利规定；国家不再有义务将政治权威交给国家领袖，如同不再有义务把军事权威交给将领一样。

的确，在相同情况下，我们不可能过于细致地遵循各种所需的手续形式去从煽动性的纷乱中识别出正当合法的行为，从一个小集团的叫嚷中识别出人民的意志。尤其是在这里，只能给予这些处于恶劣的情况下的人们在严格的权利中不能拒绝他所做的事；也是从这种义务中君主获取了很大的好处，不顾人民的反对去保存他的权力，还不能说他篡夺了权力：因为看似只用了他的权利，对他来说扩大权利一点都不难，借口治安问题阻止以恢复良好秩序为目的的集会也不难；以便利用一种阻止人打破的沉默，或者利用他所干的不合规定的事，来假定那些因畏惧而不敢说话的人承认拥护他，同时惩罚那些敢于说话的人。这就如同十大执政官刚开始是选出做一年，然后下一年继续选一年，企图通过不再允许召集民会的方式来永远保留他们的权力；世界上所有的政府，一旦被赋予了公共力量，迟早会用这种简单的方法篡夺主权权威。

我前面所说的定期集会很适合防止或推迟这种灾难，尤其是当这种集会不需要正式召集时：因为君主不可能在不公开表明自己是法律违反者或者国家公敌下去阻止集会。

集会唯一的目的是保持社会契约，集会总是通过两个提案来开启，这两个提案从来不能撤销，而且要对其分开投票表决。

第一个是："主权者是否愿意保留现行的政府形式？"

第二个是:"人民是否愿意让那些正在任职的官员继续当政?"

我在此假定的是我认为我之前已经证明过的,那就是,在一个国家没有哪条基本法律是不能废除的,社会契约也不例外;因为如果所有公民集合起来用一致同意的方式来宣告废除社会契约,我们就不能怀疑它真的这样十分合法地废除了。格劳秀斯甚至认为每个人都能放弃其国家一员的身份,离开这个国家以重获自己的财富和天然自由[1]。不过,如果全体公民聚在一起的时候却做不到每个人分开的时候所做的事,这会是荒谬的。

[1] 当然,我们离开不是为了在祖国需要我们的时候逃避责任和不肯为祖国服务。这种逃跑是有罪的且应受到处罚的;那不是退避,而是叛离。

卷 四

第一章

## 普遍意志的不可摧毁

当好几个人集聚在一起，把他们自己看作是唯一的整体，他们就只有唯一的意志，这种意志和共同生存和公共福利产生了联系。国家的一切活动因此显得蓬勃而纯朴，其行为道德准则变得清晰明了，国家没有混乱矛盾的利益，人民共同利益得以处处显露，只需具有常识就能看到它们。和平、团结和平等是微妙政治的敌人。正直单纯的人由于他们的单纯爽直很难被骗到，诱饵和借口都不能使他们就范，他们甚至不够精明得令他们上当受骗。当人们看到在世界上最幸福的人民那里，一群又一群农民在橡树下处理国家大事，而且表现得明智而审慎，我们能禁得住去蔑视其他民族的过分考究吗？这种十分巧妙而神奇的过分考究让这些民族声名远扬又苦难不幸。

这样治理的国家不太需要法律，而是随着新法的颁布成为必要，每个人都看到了这种必要性。第一个建议那些法律的人所做的不过是说出大家所感受到的，把每个人决心去做的事情转换为法律，这无关阴谋，也无关说服力，一旦他确信其他人会照他这样做。

理论家错就错在只看到一开始就构成不良的国家，惊讶于这些国家无法维持这样的治理。他们对想象各种蠢话付之一笑，比如一个狡猾的骗子和善于讨好的演说家能让巴黎人民或者伦敦人民相信这些蠢话。他们不知道克伦威尔是被伯尔尼的民众关进监狱的，博福特公爵因日内瓦人民受过惩戒。

当人与人之间的紧密联系开始松弛，国家开始衰落，当个人利益开始为人所感受，小的人群开始慢慢影响到大的人群，公众利益开始变质，出现反对者：表决不再一致通过；普遍意志再也不代表所有人的意志；出现反驳，出现争论，最好的见解都不会无争议地通过。

最后当国家濒临灭亡时，只是在一种虚幻无意义的形式下存在，社会连接在每个人心中都已打断，最不光彩的利益厚颜无耻地装扮成公共利益的神圣名字，普遍意志变得缄默不语，所有人都被隐藏的动机所引导，不再以公民身份发表意见，好像国家从来没有存在过似的，人们假以法律的名义让极不公正的法令虚假地得以通过，这些法令都是从个人利益出发的。

普遍意志由此就消亡或腐化了？错！它会始终如一、经久不变、保持纯净；但是它会服从于压倒它的其他意志。每个想把个人利益从公众利益中分离开的人都明白，他不可能完全分离开；相比于他企图据为己有的那份专属福利，他分担的自己那部分公害根本算不上什么。除了这特殊利益之外，他也会为了自己的利益跟其他人一样非常想要公共利益。甚至为了金钱出售自己的选票，他并没有使普遍意志消失，而是逃避这种意志。他所犯的错误是改变了问题的状态并答非所问，以至于不是通过选票在说："这有利于国家"，而是说："这样或那样的意见被接受对某个人或者某个政党有利。"因此集会中的公共秩序的法则就不是维护普遍意志，而是让普遍意志一直被考问并要求它经常做出答复。

在主权的一切行为中，我对其中的单一表决权还会有很多思考，这是公民不可剥夺的权利；我还要对发言权、提议权、分议权、讨论权进行思考，这些权利都是政府花大力气只留给自己的成员；但是这一重要题材可能需要另写一篇论文才行，在这一篇中我无法详述。

# 第二章
## 论投票

在前一章我们看到，普通事务的处理方式能比较明确地指明道德风俗的现时状况和政治体的健康程度。集会越是和谐一致，也就是说所有意见就越接近全体一致的声音，普遍意志也就更占主导地位；但长时间的争论、意见分歧、喧嚣预示着个人利益的上升和国家的衰落。

当两个或者更多的等级进入到国家结构中时，这种情况会显得不那么明显，比如罗马的贵族和平民，即使在共和国最好的时期两者的争论也总是会扰乱民会；但是这种例外更多的是一种表象而不是现实；因为政治体固有的缺陷，可以这样说，在一个国家中有两个国家；对合为一体的两者来说不正确，对分开的每个个体却是对的。事实上，即使在最动荡不安的年代，在元老院不介入的情况下，平民会议表决都会进行得很平静，并获得绝大多数的选票：既然公民只有一种利益，人民也就只有一种意志。

在循环的另一个极端，也会出现全体一致。就是当公民成为奴隶，没有自由没有意志的时候。从此，畏惧和奉承把选举变成了欢呼；人们不再慎重考虑商讨，只剩下崇拜或诅咒。这就是罗马皇帝统治下的元老院的卑劣表态方式。有时候这种活动进行得既谨慎又荒谬。塔西佗注意到在奥托统治时期，元老院议员用咒骂凌辱维特里乌斯，同时假装发出令人恐惧的声音。他们的目的是就算维特里乌斯有朝一日成为统治者，他也不知道他们每个人说过什么。

从这些不同的考虑中，一些准则随即产生。我们应该通过这些准则，根据对普遍意志的了解难易程度和国家衰落程度，来确定票数计算和意见比较的方式。

只有一种法律，从性质上来说，要求一致通过，即社会契约。因为公民结合是世界上最自愿的行为；每个人都是生而自由，都是自己的主人，任何人不能以任何借口在没经他人允许的情况下奴役他人。决定一个女奴的儿子生下来就是奴隶，那这是决定他生而非人。

如果在社会契约订立时出现反对者，他们的反对也不能使契约无效，这种反对只是不把他们包括在契约之内罢了：他们就是公民中的外族人。当国家组建完成，对国家的认可体现在居住于本国；住在国土上也就意味着服从于主权[1]。

在这一原始契约之外，大多数的意见总是使其他人承担义务；这是契约本身的结果。但是人们会问一个人怎么能既自由又被迫顺从于不是他本人的意志的呢？反对者又是如何能既自由又屈从于他们未曾同意的法律的呢？

我只能说问题本身问得不好。公民同意所有法律，包括那些在他们反对下通过的法律，还包括那些他们若胆敢违反就会对他们进行惩罚的法律。国家全体成员的始终如一的意志就是普遍意志：他们通过它成为公民并拥有自由[2]。当在人民大会提出一项法律草案时，需要他们回答的，确切地说，不是他们赞同或是反对这项提案，而是这项提案是否符合普遍意志，这普遍意志也是他们的意志；每个人以对提案表决的方式说出对提案的意见，普遍意志通过票数的统计得以表明。当与我对立的观点占上风，什么都证明不了，除了证明我错了和我所以为的普遍意志并不是真正的普遍意志。如果我个人意见占上风，我可能去做了我没打算做的事情，那么我就不是自由的了。

的确，这意味着普遍意志的所有特性还掌握在大部分人手中：当这些特性不再掌握在大部分人手中，不管人们采取什么立场，自由都将不复存在。

在前文中表明人们如何在公共商议中用特殊意志代替普遍意志的过程中，我已经详细指明了防止滥用职权的可行方法；我还会在后文中加以论述。关于可宣告这种普遍意志的投票比例数，我也给出了原则，我们可以借助原则确定这一人数。一票之差就打破平等，一张反对票就能打破全体一致；但在一致和相等之间还存在很多不等分配比例，对于其中每一种，根据政治体的状况和需求，我们都可以确定这种分配比例的数值。

有两条普遍准则可供确定这些比例：一条是，商议越严肃越重大，占上风的意见就越接近全体一致；另一条是，讨论越激烈越要求迅速，意见分配中的规定差异就越应该缩小：在需要立刻结束的商议中，多出一票就够了。这两条准则中的前一条好像更适宜于法律，而后一条更适宜于具体事务。无论如何，都需要把两者结合起来才能确定用来宣布的能赋予大多数的最好的比例。

---

1 | 这应该从自由国家的角度来理解；因为除此之外，家庭、财产、避难所的不足、必需品、暴力都能把一个居民不情愿地留在这个国家，单单这种逗留并不意味着他对契约的赞同或违反。
2 | 在热那亚，"自由"一词在监牢前面和苦役犯的镣铐上可以看到。这种口号的使用是高尚而公正的。事实上，所有阶层的罪犯才是阻碍公民获得自由的人。在一个所有这样的人都将被关入监狱的国家，人们才能享受到最完美的自由。

# 第三章
## 论选举

关于君主和官员的选举，如我前文所说，是非常复杂的行为，进行选举有两条途径，即，选拔和抽签。两种途径在不同的共和国里都被用过，如今我们还可以在威尼斯共和国的总督选举中看到对两种途径非常繁复的混合使用。

"抽签式选举，"孟德斯鸠说，"是民主制的本质。"我同意，可为什么是这样呢？"抽签，"他接着说，"是一种不会使任何人感到痛苦的选举方式：它让每一位公民都抱有一种报效祖国的合理期望。"这可不是理由。

如果我们注意到领袖的选举是政府的职能，而不是主权的职能，我们会发现为什么抽签的方式更能体现民主制的本质，在民主制下，行政行为越精简，行政机构越优良。

在所有真正的民主制下，行政官员的职位并非是一种优势，反而是一种沉重的负担，我们无法公正地把它强加给这个人而不是另一个人。只有法律才能把这份负担强加给中签的人。因为这时，每个人面对的条件是相等的，选择不依赖任何人的意志，也就没有任何个人实施去改变法律的普遍性。

在贵族制下，君主选择君主，政府自己保存自己，在这种情况下，投票选举才是适宜的。

威尼斯共和国的总督选举的例子远不是摧毁这种区分，而是证实了这种区分：这种混合形式正适合于混合制政府。因为把威尼斯政府看作是一个真正的贵族制本来就是一个错误。如果那里的人民完全参与不到政府中，是因为那里的贵族就是人民本身。一大批可怜的低级贵族从来都无法接近任何行政官员的职位，其贵族身份只体现在"阁下"这一空洞头衔和出席大议会的权利。这个大会议的人数众多，跟我们日内瓦的全体会议一样，其卓越的成员也不会比我们普通公民的特权多。撇开两个共和国的极端差异来看，可以肯定的是，日内瓦的市民完完全全地相当于威尼斯的贵族；我们的本地人和居民相当于威尼斯的市民和人民；我们的农民相当于威尼斯陆地上的臣民：总之，我们无论以哪种方式去考察这个共和国，撇开他的国土大小不说，它的政府不比我们的政府更接近贵族政治。整个的不同在于，我们没有终身首领，所以我们也就没有抽签选举的必要。

抽签选举在真正的民主制下并没有太多缺陷，因为民主制下一切平等，无论是从道德和才能上看，还是从处事准则和财富上看，选择哪个人几乎变得无关紧要。但是我之前说过，没有真正的民主制。

当选举和抽签混合使用时，选举出来的人应该担任需要特有才能的职务，比如军事职位；而抽签选出的人适合担任的职位只需要常识、正义、廉洁，比如法官职位，因为在一个构成良好的国家，这些是公民共有的品质。

在君主制政府，抽签和选举都不会发生。君主是毫无疑问的唯一的统治者和仅有的官员，对他副手的选择权只属于他本人。当修道院院长圣·皮埃尔建议扩大法兰西国王枢密院，并以投票的方式选出成员时，他没有意识到他在提议改变政府的形式。

我还要谈一谈人民大会的投票和计票的方式；但是可能罗马治理发展史在这一方面对我建立的准则解释得更清楚。对一个具有判断力的读者来说，详细地看一看在一个二十万人的大会上公共事务和个人事务是如何得到处理的，这不会是不值得的。

## 第四章
## 论古罗马民会

我们没有任何关于罗马帝国历史初期的可靠文献资料；甚至我们传播的大部分事情极有可能是寓言故事[1]。通常而言，人民编年史中最有教益的部分，也是他们形成的历史，同时也是我们最缺乏的部分。每天我们所经历的都在告诉我们帝国的革命所产生的原因，但是，不再有民族形成了，我们唯有通过推测来解释他们是如何形成的。

我们发现的业已形成的习俗至少表明这些习俗是有一个起源的。回溯到这些起源的传说，它们有最高权威支持，还有最有力的论据证实，应该被视作最确实可靠的。这就是我在探究陆地上最自由最强大的人民如何行使他们的最高权力时努力遵循的准则。

罗马王国建立之后,新生的共和国,即缔造者的军队,由阿尔巴人、萨宾人和外族人构成,分成三个等级,根据这种划分,被称为"部族"。每个部落再分为十个胞族,每个胞族再分为十人队,胞族或十人队的头领我们分别被称为库里昂和德库里昂。

除此之外,从每个部族抽选出一百人的骑兵或骑士作为整体,称为百人队,通过那里我们看到这种划分对一个市镇来说不是非常必要,百人队最开始只是作为军用。一种本能的伟大使小小的罗马城提前给自己一个适合于全球首都的一个治理模式。

很快这初次划分产生了不便。阿尔巴部族[2]和萨宾部族[3]总保持着原来的状态,而外族人的部族[4]随着外国人的持续的汇集而不断增长,这一部族很快就超过了另外两个部族。塞尔维乌斯找到了针对这种危险的滥用的药方,即改变划分方式,还有取消种族的划分,以每个部族所占据的城市中的另一大片土地来代替。他把三个部族变成四个,每个部族占据罗马山丘中的一个,并以山丘名为名。就这样他纠正了当前的不平等,也防止了未来不平等的发生;为了让这次划分不仅仅就地区而分还划分人,他禁止一个居民区的居民迁移到另一个居民区,以防止种族混杂。

他把先前的三个骑兵百人队增加一倍,另外再增加了十二个,沿用以前的名字;通过这种简单又合理的方法,他总算能把骑士群体和人民群体区分开,而让后者毫无怨言。

在这四个罗马城部族的基础上,塞尔维乌斯又增添了另外十五个乡村部族,因为后者由乡村居民组成,被分在同样数量的地区。接下来又形成了同样数量的新部族,最后罗马人民被分成了三十五个部族,这一数字一直保持到共和制终结之日。

这种城市部族和乡村部族的区分导致一个值得注意的结果,因为没有其他的例子,即罗马人风俗的保存和帝国的扩张全靠这种区分。人们认为罗马城部族很快就会攫取权力和荣耀,立即贬损乡村部族;但实际上恰恰相反。我们知道早期的罗马人十分喜爱乡村田园生活。这种爱好来自明智的创建者,他们把乡村劳作和军事工作自由地结合在一起,把技巧、手艺、诡计、财富和奴役搁到了罗马城。

就这样,罗马有名望的人都生活在了乡村,耕种土地,人们已习惯于在那里寻找共和国的拥护者。这种状况,也是可敬的贵族的状况,因此受到所有人的尊崇;村民勤劳简单的生活比罗马市民游手好闲的松散生活受欢迎,一个在罗马城悲惨的无产者,来到乡间耕作,就变成了一个受尊敬的公民。这不是没有道理的,瓦罗说,我们崇高的先辈在乡村建立起培养人才的地方,培养出的强壮骁勇之士在战争时期保护他们,在和平时期养活他们。普林尼积极地说乡村部族的荣耀来自组成它的人;而人们想贬损懦夫,就把他们屈辱性地迁移到罗马城部族。萨比努斯·阿比乌斯·克劳狄乌斯,来到罗马并定居下来,满载荣耀,被登记在一个乡村部族,随后这个部族以他的姓氏命名。最后,被解放的奴隶都被归入城市部族,从来没有被归入到乡村部族;在整个共和国时期,没有一例是某一个被解放的奴隶达到某个行政官员的职位，即使他已经成为公民。

这一准则本是极好，但是却被过度推行，由此产生一种变化，那就是治理上的滥权。

首先，监察官在长期擅取权力，将公民任意地从一个部族迁移到另一个部族，以便让大部分能自行登录到他们中意的部族；这种许可必定毫无益处，把监察官的一种重大职权剥夺了。此外，达官贵人都将自己登录到乡村部族，而被解放的奴隶变成公民，和群氓一起在城市住下，于是部族，通常来说，不再跟地点和辖区联系，各个部族都如此混杂着，只能通过登记册来辨别出每个部族的成员，因此，"部族"一词的概念从实物变成了人，更确切地说变成一种虚幻之物。

罗马城部族因为超过其范围，常常在民会上有着最大的势力，把国家出卖给那些屈尊收买组成民会的下层人的选票的人。

关于胞族，创建者把每个部族分成十个胞族，所有罗马民众，当时都还居住在罗马城内，由30个胞族构成，每个胞族都有殿宇、神像、官吏、祭司、节日，这些节日被称为祭家神拉尔的节，类似于后来在乡村部族中的祭农神克瑞斯或大地之神忒勒斯的节。

根据塞尔维乌斯的新的划分，30这个数字无法平均分配给他的四个部族，他也无意改动这一数字，而胞族，独立于部族，成为罗马居民的另一种划分；但是无论是在乡村部族里还是在构成乡村部族的人群中，都跟胞族无关，因为部族已变成一个纯粹的民用组织，而且已经引入另一种模式来征集军队，罗慕路斯的军事划分显得多余了。因此，尽管所有公民都被分在一个部族中，可离每个人被分在一个胞族中还相差很远。塞尔维乌斯又进行了第三次划分，这次划分跟前两次划分毫无关系，却由于它的效果成为三者中最重要的划分。他把罗马人民分为六等，不按地区，不按人身，而是根据财富划分；结果就是前面几级全都是富人，后面几级全是穷人，中间几级都是拥有中等财富的人。这六个等级又分为193个不一样的团体，称为"百人队"；这些团体被分配成这样，仅第一等级就占据了半数团体，而第六等级只有一个团体。人数最少的那一等级拥有最多的百人队，而最末的第六等级却只能算作一个等级再分下的一个百人队，尽管后者这一个等级就包含了超过罗马一半的居民。

为了不让人民看透这最后一种形式的后果，塞尔维乌斯假装给这种形态一个军用的样子：他把两个枪炮匠百人队放入第二等级，把军械百人队放入第四等级；在每个等级，除了第六等级外，他都要分为青壮年和老年人，也就是分为有义务拿起武器打仗的人和依据法律因年龄而免除的人；这种划分需要比以财富划分进行更多的户口调查或清点；他想在战神广场举行集会，要求所有役龄人员携武器参会。

塞尔维乌斯之所以不在第六等级进行青壮年和老年人的划分，是因为不想给组成第六等级的群氓以能为祖国打仗的荣耀；有了家园才能获得保卫家园的权利：如今的国王军队闪耀着无数乞丐的光辉，没有一个人不是受到蔑视而被赶出罗马步兵大队，当士兵们都是自由捍卫者的时候。

在第六等级中，还可以区分无产者和被称为"按人头登记的人"！前者，并非完全一无所有，至少还能为国家产生公民，有时能在迫切需要时甚至能产生士兵。对于那些完全一无所有的人，只能通过他们的人头来计数，他们完全被视作毫无价值，马略是第一个屈尊招募他们入伍的人。

我们不去评判这第三种计数方式本身是好是坏，我认为可以肯定的是早期的罗马人民风俗纯朴、大公无私、热爱农作、对商业和唯利是图的嗤之以鼻，才能让这种计数方式行得通。有哪一个地方的现代民族在贪婪无比、惶恐不安、尔虞我诈、人口持续的迁移、境遇的不断变革中还能让这样一个机构持续20年之久而不至于颠覆国家的？我们还要注意到民风和监察，比这种机构更有力，同时消除了弊端，如果富人过分炫耀财富会被贬谪到穷人等级中去。

由此人们很容易理解在事实上有六个等级却从来只提到其中五个的原因。第六个等级，既不能提供士兵，也不能参与战神广场的投票[5]，在共和国里几乎是一无是处，极少被当作一回事。

这就是罗马人民的不同划分。现在我们来看一看这些划分在集会中带来的效果。这些依法召集的大会称为民会：通常是在罗马广场或者战神广场举行，民会又分为胞族民会、百人队民会、部族民会，要看是以这三种方式中的哪种方式来安排的。胞族民会是罗慕路斯创建的,百人队民会是塞尔维乌斯创建的,部族民会则是由平民的护民官创建的。任何法律只能在民会上被批准,任何官员只能在民会上被选出;由于没有一个公民是未登录到某一个胞族、某一个百人队或某一个部族,由此得出没有一个公民被排除在选举权之外,罗马人民在法律上和事实上都是真正的主权者。

为了使民会合法召开,民会的成果有法律效力,以下三个条件必不可少:第一,召集民会的团体或官员被赋予必需的权威;第二,民会必须在某一法定日期举行;第三,占卜结果是吉卦。

第一条规则的理由不需要解释;第二条是关乎治安:比如在节假日或集市日就不允许进行民会,因为那时乡民都进入罗马城做自己的事,没有时间在公共会场待一整天。通过第三条,元老院要控制傲慢自负、胆大妄为的人民,抑制煽动的护民官的狂热;然而护民官有更多的办法来摆脱这种约束。

法律和领袖的选举绝不是提交给民会审议的唯一内容。罗马人民篡夺了政府的最重要的那些职能,可以说整个欧洲的命运都是在他们的大会中决定的。目标的多样性导致大会采取多样的形式,这种形式也跟他们所要宣布的决议有关。

为了评判这些不同的形式,只需对其加以比较就行了。罗慕路斯,在创建胞族的时候,就打算用人民牵制元老院,让元老院牵制人民,同时对两者占主导地位。他通过这种形式赋予人民人数上的权威从而来制衡他留给贵族的权力和财富的权威。但根据君主制的精神，他却把更多的优势留给了贵族，这种优势体现为他们的受保护者能占到多数票。这令人惊叹的"保护主—受保护者"制度是一项政治和人文的杰作，如果没有这种制度，与共和国精神如此相悖的贵族地位就无法存在。只有罗马有这一荣光为全世界树立了典范，它从未导致流弊，却永远不曾有过效仿者。

同样的胞族形式在罗马王政时代一直存在到塞尔维乌斯时期，小塔克文统治被视为不合法的，一般来说，用"胞族法律"一词来跟王族法律相区分。

在共和国时期，胞族，仍局限在四个城市的部族中，仅包括罗马城的群氓，不能适宜于作为贵族首领的元老院，也不能适宜于平民出生却是富裕公民的领袖的护民官。就这样这些胞族失去信任，贬值到如此地步，30位侍从执法吏集合起来就做了本该由胞族民会做的事。

百人队的划分方式对贵族制非常有利，人们首先看不出为什么元老院并不总是在以百人队为名的民会上占上风，虽然是通过民会选举出执政官、监察官和其他高级行政官。事实上，构成全部六个等级罗马人民的193个百人队，光第一等级就包含了其中98个，而选票只以百人队为单位，这第一等级的票数就超过了其他等级的总和。当第一等级的全部百人队达成一致时，甚至不需要继续计票了；最小量的少数人所决定的被视为大多数人的决议；可以说，在百人队民会中，事务的决定靠金钱的多少远大于票数的多少。

但是这种极端的权威通过两种途径得以减弱：第一，一般来说护民官，还有很多的平民总是属于富人等级，在第一等级内制衡着贵族的声望。

第二种途径是这样的，不是根据顺序让百人队投票，这样会总让第一个百人队投票，而是随机抽取一个百人队，就这一个百人队⁶进行投票；然后在另一天根据等级从高到低地召集所有百人队，进行一样的投票，通常和前面的投票结果一致。根据民主制的原则，就这样将样本的权威从等级中抽离而通过抽签来体现。

这种做法还产生了另一个好处，那就是乡民有时间，在两次投票之间，了解预先指定的候选人的美德，以便旨在非常了解的情况下投出他们手中的一票。但是，在迅速行动的借口下，这种做法最终被废除，两次投票被安排在同一天举行。

部族民会才是真正的罗马人民的议会。它们只能由护民官召集；护民官在民会中被选出，同时通过平民会议表决。元老院在此不仅没有地位，甚至没有列席的权利，不得不服从那些他们无法投票表决的法律，在这一点上元老院成员比最底层公民的自由还要少。这种不公正完全被误解了，其本身就足以宣告一个团体的法令无效，当这个团体没有接纳所有成员出席的时候。当所有贵族以公民身份取得的权利出席这些民会，就变成了普通人，影响不了这种以人头计算的表决形式，在这里，最渺小的无产者和元老院泰斗的分量一致。

我们看到，除了统计如此众多的人民的投票的这些不同划分方式带来的次序外，这些划分形式不能归结为形式本身是无关紧要的，每种形式都有着与因偏爱而选择这种形式的意图相关的效果。

在这点上无须谈论过多细节，从前文的阐明中得知，部族民会是更有利于人民政府，百人队民会更有利于贵族制政府。对于胞族民会而言，只有罗马群氓占到了多数，只适合于发展暴政和险恶用心，它们可能会失去声望，那些煽动叛乱者都会自我克制，不使用过于暴露自己计划的手段。可以肯定的是，罗马人民的全部尊严都只能在百人队民会中体现出来，只有百人队民会才是全员的；相比胞族民会缺少了乡村部族的参加，而部族民会缺少了元老院和贵族。

关于计数的方式，它在早期罗马人时代和他们的民风一样单纯，尽管没有斯巴达单纯。每个人都高声投出自己的一票，书记官依次记下每一张票；每个部族内的多数票决定这个部族的投票结果；部族间的多数票就决定人民的投票结果，胞族和百人队也是如此。当正直公正在公民中占主导地位，每位公民耻于当众投票给一个不公正的意见或不称职的臣民时，这种做法就是好的；当人民开始腐化而且选票可以买到的时候，投票便适宜于无记名投票，以便通过不信任来限制贿选者，为无赖骗子提供一种不做变节者的办法。

我知道对这种变化西塞罗是持谴责态度的，他认为这种变化是共和国灭亡的一部分原因。可是尽管我能感觉到西塞罗的权威在此处的分量,我依然无法同意他的观点。我认为恰恰相反,正是因为这种类似的改变做得不够,才加速了国家的灭亡。正如健康人的饮食制度不适合病人一样,也不能打算用适用于善良正直的人民的法律来治理腐化堕落的人民。没有什么能比威尼斯共和国的持续性更能证明这条准则了,威尼斯共和国的空架子还在,仅仅因为它的法律只适用于坏人。

每个公民都分得一块写字蜡版,通过蜡版投票无须被人知道自己的意见。同时为收集蜡版、统计票数、比对数字等建立起新的程序。尽管如此,承担这些职责的官员们的忠诚[7]还是经常受到怀疑。最后,为了防止选举中的阴谋诡计和不正当交易,人们制定出各种法令,法令之多恰恰证明了它们的无效。

到了共和国后期,人们常常被迫求助于一些非常手段来弥补法律的不足。有时候想象有奇迹发生,但是这种办法只会欺骗到人民,欺骗不了统治人民的人;有时候在候选人有时间进行阴谋诡计之前,突然召集一次大会;有时候不停发言耗光一整场会,当看到人民被争取过去准备做出一个糟糕的决定时。最后野心规避了这一切,难以置信的是在如此多的流弊中,广大人民借助古代的规则,不停地选举官员,通过法律、审判诉讼、处理个人事务和公共事务,甚至和元老院的工作中所表现出的才能不相上下。

1. 人们声称来自"罗慕路斯(Romulus)"的"罗马(Rome)"一名是希腊文,意思是力量;"鲁玛(Numa)"一名也是希腊文,意思是"法律"。这个城市最初的两位国王的名字竟然提前如此相关于他们后来所做之事,这有多大可能性?
2. 罗马纳人。
3. 塔提恩人。
4. 卢克伦人。
5. 我说,在战神广场,因为民会通过百人队在那里集会;在其他两种形式下,人民集会于集会场或其他地方,按人头登记的人和最高层的公民有着同样的影响力和权威。
6. 这样抽签选出的百人队被称为"事前选择",因为它是第一个被要求表决的,这就是"特权(prérogative)"一词的来历。
7. 保管人、分配者(1782年版:监票人)、投票催投者。

# 第五章
## 论护民官制

当国家的各组成部分无法形成一个精确的比例，或因无法消除的原因使各种比例不断变化，人们就创建一个特殊的行政机构，一个不和其他机构构成整体的机构，它把比例中的每一项重新放到正确的比例关系，这个机构作为一个连接或一个比例中项，或者在君主和人民之间，或者在君主和主权者之间，或者必要的话同时兼顾这两方面。

这一实体，我称之为护民官制，它是法律和立法权的捍卫者。它有时候用于反抗政府以保护主权者，比如人民的护民官在罗马所做的；有时候支持政府而对抗人民，比如现十人委员会在威尼斯所做的；有时候用于维持一方和另一方的平衡，比如斯巴达的监察官所做的。

护民官一职不是城邦行政组织的一部分，无权拥有哪怕一部分立法权和行政权，但是正因为这一点护民官的权势更大：因为它虽然任何事都做不了，却能制止任何事。作为法律的守护者，护民官相比于执行法律的君主和制定法律的主权者更神圣、更受人敬重。这点我们在罗马看得很清楚，当那些高傲的贵族总是鄙视全体人民，却不得不对这位普普通通的人民官吏让步，他可既没有占卜权也没有司法权。

护民官制，如果能谨慎小心地保持着不愠不火，会是一个优良政体的最有力的支撑，只要稍稍多出一点点力量，就会颠覆一切，至于软弱，并非它的天性，只要获得了地位，它能和它需要做到的一样。

当本应作为行政权调节者的护民官篡夺了行政权，想制定本应由他保护的法律时，它就蜕变为僭主政治。监察官的巨大权力在斯巴达还保持着民风的时候并未带来弊害，而腐化堕落开始之后，弊害会大大加速。阿基斯家族被僭主杀害的仇终于让其继任者报了。监察官所犯罪行和所受惩罚都加速了共和国的灭亡，克里昂米尼之后的斯巴达就不值一提了。罗马的灭亡之路如出一辙，护民官拥有的过度权力都是通过法令篡夺而来，最后借助为自由而定的法律，充当了摧毁了自由的皇帝的保护者。至于威尼斯的十人委员会，一个血腥的法庭，无论对贵族还是人民都是极其恐怖，在堕落之后，远不是坚决地维护法律，而是在黑暗中进行着人们不敢想象的勾当。

如同政府一样,护民官制随着成员的增多而变弱。罗马人民的护民官最初是两个人,然后变成五个人,当他们想再增加一倍的时候,元老院也同意了,元老院确信一些人能被另一些人牵制,后来果真如此。

防止这个令人生畏的实体篡权的最好的方法,就是不让这个实体常设,确定每一个间隔期,在间隔期这一实体撤销,直到现在还没有任何政府发现这个办法。这些间隔期不应持续过久以免滥权有时间扎根,可以由法律固定下来,以便在需要的时候能够让特殊委员会方便地缩短间隔期。

在我看来这种方法没有缺陷,因为,如我前面所说,护民官制,不是行政组织的一部分,去掉它,行政组织也不会受到损害;在我看来,这种方法还是很有效的,新近重新安排的官员不是来自前任的权力,而是来自法律赋予他的权力。

## 第六章
## 论独裁官制

　　法律的不可改变性阻碍法律对一些事件的让步，在某些情况下，可能会使法律有害，甚至导致在危机中的国家灭亡。法律的次序性和拖沓的手续需要一段时间，而有时候这时间又不为形势所接受。可能出现的无数情形是立法者未曾写入法律条文中的，感觉到我们不可能预知一切，这本身就是必不可少的预见。

　　因此不应该打算让政治体制牢固到自我剥夺那种能中断法律实施的权力的地步。斯巴达都曾经闲置过法律。

　　但是只有最大的危险才能抵消掉变更公共秩序的危险，只有到了拯救祖国的时候才能中断法律的神圣权力。在这些罕见而明显的情况下，我们通过一条特殊法令提供公共安全，这种法令将提供的重任交给最合适的人。根据危险的种类，这种授权可通过两种方式进行。

如果为了消除这种危险，只需要增加政府的积极性，把政府集中于一至二位成员之手；这样，改变的不是法律的权威，只是法律的执行形式。如果危害来自于立法机构成为使自己免受危害的障碍，那就指定一个最高领袖，压制一切法律，让主权权威中止一段时间。在同样的情况下，普遍意志是不容置疑的，很明显，人民的首要意愿是国家不亡。这样，立法权威的中止不代表立法权威的废除；让立法权威闭嘴的官员却无法让它说话，控制了它却无法代表它。他什么都能做，除了立法。

第一种方法被罗马元老院用过，当元老院以一种约定俗成的方式委托执政官负责共和国的安全时。第二种方法出现过，当两位执政官中的一位任命独裁者时[1]；阿尔巴在罗马首次使用。

在共和国初期，人们经常求助于独裁官制度，因为国家的状态还不够稳固，还不能只靠其政体结构的力量来保持下去。罗马的民风使在另一个时期必要的大量预防措施变得多余，人们既不担心一个独裁官滥用他的权威，也不担心他任期结束后企图保留权威。相反，如此大的权力似乎对被赋予这种权力的人来说是一个负担，独裁官急于摆脱它，好像占据法律的地位是费力又危险的职位。

因此这不是滥用权力的危险，而是权力贬值的危险，这让我指责最高行政官员制在罗马初期的不慎重使用；因为当我们把这种制度滥用于选举、祝圣、纯形式上的事务上的时候，就要担心它在必要时变得不那么令人生畏，担心人们习惯于把那些只用在无意义的仪式上的东西看作是空幻的头衔。

接近罗马共和国晚期时，罗马人变得更加谨慎，不太理性地爱惜独裁官制度，就像之前不太理性地挥霍独裁官制度一样。很容易看出他们的担心毫无依据，首都的虚弱反而成了对抗首都内部的行政官员的安全保障；在某种情况下一个独裁官会保卫公共自由，永远不会侵犯它；罗马的镣铐不是在罗马本身锻造的，而是在它的军队中锻造的。马略对苏拉、庞贝对恺撒的极少抵抗清楚地表明人们从内部权威对外部力量的反抗中所期望的结果是什么。

这种谬见令罗马人犯下严重的错误；比如在喀提林事件中没有指定独裁官：因为这一事件只关系到罗马城内部，至多到意大利的几个省；借助法律赋予的无界权威，独裁官能轻易消除谋反，事实上这谋反是因各种幸运机遇同时发生而平息的，这种巧合是审慎的人永不应该期盼的。

元老院并没有这样做，而是满足于将他一切权力交托给执政官，从而就发生了西塞罗为了行动更有效，不得不在某一关键点超越这种权力，如果初期的狂喜使人称赞他的行为，那后来人们责问他违反法律处决公民的事，也应该是公正的。而这种非难是不能对独裁官做出的。但是执政官的雄辩带走了一切；他本人，尽管是罗马人，爱祖国更爱荣誉，与其说他在寻求一种最合法保险的拯救国家的方法，不如说在寻求获得这一拯救中的所有荣耀的方法²。因此，他被公正地尊为罗马解放者，也公正地作为法律违反者而受到惩罚。无论他放逐后的返回有多么引人注目，这终究是一种特赦。

尽管如此，无论这一重要委任是以何种方式授予的，把其限定在一个非常短的期限内并不能延长是非常重要的。在独裁官制产生的危机中，国家很快被毁灭或被拯救；在危机过后，独裁官制要么变得专制，要么变得一无是处。在罗马，独裁官任期为六个月，其中大部分在期满前就卸任了。如果任期更长，可能他们曾试图把任期变得更长，就像十人委员会对一年任期所做的那样。独裁官只有时间满足令其产生的需求就行，而没有时间考虑其他计划。

1 | 任命是夜间秘密进行的，好像让一个人凌驾于法律之上是件可耻的事。
2 | 如果他提名独裁官，他就不能保证自己得到荣耀，不敢提名自己为独裁者，也不确信他的同僚会提名他。

# 第七章
## 论监察官制

和普遍意志通过法律宣告一样,公开审判是通过监察官宣告。公共意见也是一种法律,监察官是其执行者,他只能效法君主将其应用于特殊情况。

监察官法庭远不是人民意见的仲裁人,它只是意见宣告者,一旦它背离了人民意见,那它的裁定就徒劳无效的。

去区分一个民族的习俗和尊崇的对象是徒劳的;因为二者遵循的是同一原则,必然交织在一起。在世界所有民族中,决定他们的爱好选择的不是本性,而是观念。矫正人们的观念,风尚自然就变得纯洁高尚。人们总是喜欢那些美的东西或者他们认为美的东西;但是基于这种判断我们会弄错;所以重要的是这种判断本身要校准。

对风尚的评判就是对荣耀的评判；评判荣耀的人从舆论中得到法则。

人民的观念是从国家体制中产生的。尽管法律不规范道德，但是道德是通过立法产生的：当立法弱化时，道德会滑坡。但是这个时候监察官的审判也做不到法律权力未曾做到的事。

由此可知，监察官制对维持道德有用，对恢复道德一直无用。在法律活力充沛时设立监察官；一旦法律失去活力，一切都是绝望；当法律自身没有了力量，一切合法的东西也都不再有力量。

监察官制这样来维持道德：通过防止公共意见腐化变质，通过用审慎的运用保持公共意见的公正，有时候甚至在它们变化不定时就将其确定下来。决斗中带副手的习俗，在法兰西王国时期达到极致，后来被国王的一纸若干字的敕令废除："关于那些怯懦得带副手的人"这一评判迎合了公众的判断，一下子就把公众的判断确定下来。但是当同样的敕令打算宣告举行决斗是一种怯懦，话一点儿没错，却与公共意见相悖，公众便嘲笑这种判定，他们早就对这种判定形成了评判。

我已经在别的地方说过[1]，公共意见不会屈服于强制，不需要在为代表公共意见而设的法庭出现任何强制痕迹。我们不能过于赞赏罗马人以何高超技艺使用这种活动力，拉栖代梦以更高超的技艺使用，而在现代人这里这种活动力完全消失。

一个道德低下的人向斯巴达议会展示了一个好意见，监察官不予考虑，而让一位道德高尚的公民提出这同样的意见。这对后者是多大的荣耀，对前者又是多大的羞辱啊，即便没有对两人做出一点夸奖和责备！几位萨摩斯岛的酗酒者[2]弄脏了监察官的席位；第二天，通过一道敕令准许萨摩斯人为粗俗之人。一种真正的处罚都没有这种未受处罚严厉。当斯巴达人对哪些是可以接受的哪些是不可以接受的进行宣告后，希腊不再对这些判决提出上诉。

1 | 在这一章中，我只指出了我在《给达朗贝尔的信》中尽可能详细地阐述的问题。
2 | 1872年版：他们来自另一个岛屿，我们语言的细腻禁止在这种情况下叫出名字。

## 第八章
## 论公民的宗教信仰

刚开始人类没有国王只有神祇，没有其他类型政府，只有神权政治。他们进行的是卡里古拉的理性思考，而且思考得很正确。他们需要情感上和观念上很长一段时间的变化才能决定把他们同类中的一员当作其领袖，并且自认为大家都对此感到满意。

只是因为这个原因，上帝被放到每个政治社会的第一位，由此得知有多少民族就有多少神祇。两个互感陌生的民族，几乎总是敌对，不可能长时间地承认同一个神祇；交战的两支军队不会听命于同一个首领。所以，民族的划分产生了多神论，也产生了神学的和世俗的不宽容，这两种不宽容必然是同一回事，下面将会讲到。

希腊人曾经幻想到野蛮民族中寻找自己的神祇，这种幻想来源于另一种他们自认为是这些民族天然的统治者的幻想。可当今以不同民族的神祇的同一性为基础的博学是非常可笑的：好比摩洛克、萨图努斯、柯罗诺斯可能是同一个神！腓尼基人的巴尔、希腊人的宙斯和拉丁人的朱庇特可能是同一个神！仿佛那些带着不同名字的空幻神明可能留有某些共同之处！

如果有人问为什么在异教时代，每个国家都有自己的宗教信仰和神祇，却没有发生宗教战争；我会回答这也是出于同样的原因，每个国家都有自己的宗教信仰和自己的政府，却不去区分神祇和法律。政治战争也是神学战争；每个神的领域，可以说已经被民族的界限确定下来。这个民族的神祇对其他民族没有任何权利。异教徒的神不是嫉妒之神；他们分享着对世界的统治权；甚至摩西和希伯来人民在谈到以色列的神的时候，有时也赞同这一观点。的确，他们把被放逐的并且注定被毁灭的迦南人的神看作一文不值，觉得应该由他们来占领那片土地。但是，你们看看他们是怎么谈论禁止他们攻击的相邻民族的神的："占有属于基抹的东西，"耶弗他对亚扪人说，"不也是合法地归功于你们吗？同样，我们占有我们的上帝征服者所获得的土地[1]。"在这里，我觉得基抹的权利和以色列上帝的权利的均等得以承认。

但是犹太人臣服于巴比伦国王，后来臣服于叙利亚国王，一心坚持不承认任何其他的神，除了他们自己的神，这种不接受被看作是对胜利者的反抗，致使他们遭到迫害，我们在他们历史中能看到，而在基督教之前我们没有看到过任何其他例子[2]。

每个宗教都只附属于规定它的国家法律，没有其他方式可以让一个民族改变宗教信仰，除非征服他们，没有任何传教士除非是征服者；改变宗教信仰的义务就是被征服者的法律，在谈改变宗教信仰之前就要先从征服开始。正如荷马书中所说，绝不是人为神而战，而是神为人而战；每个人都向神求得胜利，以新的神坛来偿付。罗马人，在夺取一块要塞之前，要求该地的神放弃该要塞；当罗马人把塔兰托人的愤怒的神留给塔兰托人的时候，他们把后者的这些神看作是已经屈服于他们的神了并被迫效忠于自己的神。罗马人把自己的神留给被征服者，就像把自己的法律留给被征服者那样。通常他们要求的唯一贡品就是敬献给神殿里的朱庇特的王冠。

最终，罗马人随着帝国的扩张也推广了他们的宗教信仰和他们的神，也常常采用被征服者的宗教信仰和崇拜的神，同时赋予信仰和神以公民权利，这庞大的帝国的人民不知不觉中有了大量的神和宗教信仰，几乎各地情况都一样：就这样异教在已知世界中成为唯一的相同的宗教。

正是在这样的形势下耶稣降临，在人间建立一个精神王国，把神学体系和政治体系区分开，使国家不再统一，引起不停地鼓动着基督教人民的各种内部分裂。然而，这另一个世界的王国的新思维永远无法进入异教徒的大脑，他们总是把基督教徒看作是真正的反叛者，认为这些基督教徒假意服从，只为找准时机让自己独立并夺权，巧妙地篡夺在他们弱小时所佯装尊敬的权威。这就是宗教迫害的原因。

异教徒所担心的事情终于发生了。于是一切都变了样；谦卑的基督教徒改变了语言，很快我们看到这所谓的另一个世界的王国，在一个可见的君主领导下，暗含着最暴力的专制政治。

然而，由于总是有一个君主和各种公民法律，于是这双重权力导致无休止的司法冲突，这种冲突让所有好的政体都无法出现在基督教国家，人们永远无法最终知道被迫服从的是统治者还是教士。

然而很多民族，甚至在欧洲或者其近邻，想保留或恢复旧体系，但是都没有成功；基督教精神战胜了一切。神圣的宗教信仰依然或者重新独立于主权者，和国家体无必然联系。穆罕默德眼光犀利，他把各项政治制度结合得非常好，一旦政府形式在他的继承人哈里发统治下继续存在，政府就是完完全全统一并且治理良好。但是当阿拉伯人民变得繁荣昌盛、有学问、有教养、怠惰而松懈时，最终被野蛮人征服：于是两种权力开始分离。尽管这种分离在伊斯兰教徒中表现得没有在基督教徒中那样明显，然而却还是存在着，特别是在阿里教派下，有些国家，比如波斯，到现在都能感觉得到它的分裂。

在我们中间，英格兰国王把自己立为教会的首领，沙皇也是这样做的：但是在这种头衔下，他们与其说变成了教会的主人不如说是教会的大臣；他们获取的与其说是改变教会的权利不如说是维持教会的权力，在教会里他们不是立法者，他们只是君主。所有教士形成一个团体的地方³，他们在祖国既是统治者也是立法者。于是有了两个权力，两个主权，英国如此，俄国如此，其他地方也一样。

在所有基督教徒作家中，哲学家霍布斯是唯一看清这一缺陷和补救办法的，他敢于提议将鹰的两个头合起来，把一切恢复到政治统一，若没有政治统一，国家和政府永远都不会组织良好。但是也应该看到基督教的统治精神与它的体制不相容，教士的利益总是比国家的利益更强大。霍布斯的政策方针令人憎恨，并不是因为里面的可怕的错误的东西，而是因为里面的合理的真实的东西⁴。

我认为在这种观点下详述历史事实，人们会轻易反驳培尔和沃伯顿之间截然不同的意见，一个肯定没有任何宗教对政治体有用，相反，另一个坚持基督教是政治体最坚实的支撑。对前者我们可以证明没有一个国家的建立不是以宗教作为基础的，对于后者，基督教的法律实际上对国家坚固的结构而言不是有益而是有害。为了让人最终领会我的话，只需要更稍加明确地说明跟我主题相关的过于含混的宗教观点。

宗教，从社会角度看，全体的或者个人的，都可以分成两类：即，人的宗教和公民宗教。前者，没有庙宇，没有祭坛，没有仪式，只限于对至高无上的上帝发自纯粹内心的崇拜和永恒的道德义务，是纯粹而简单的福音书宗教，是真正的有神论，可称之为自然神授权利。后者,写入某一个国家的法典中,给国家指定它的神,特有的守护神。它有自己的教条、自己的仪式、自己法定的外在崇拜:除了唯一信奉这一宗教的国家,对它来说,其他国家都是不忠诚的、异端、野蛮人;它把人的义务和权利延伸到祭坛那么远。所有最初人民的宗教都是如此,我们把这些宗教称为公民或者积极的神授权利。

还存在更奇怪的第三种宗教,它给人以两套立法机构,两个领袖,两个祖国,让人们尽两种相矛盾的义务,令人无法同时是虔信者和公民。喇嘛的宗教如此,日本人的宗教如此,罗马基督教也是如此。我们可以称罗马基督教为教士的宗教。由此产生了一种无名的难以相处的混合权利。

三种宗教从政治上考量都有不足。第三种宗教的坏处显而易见,把证明这种坏当作消遣都是浪费时间。所有破坏社会统一的都是毫无价值的。所有令人陷入自我矛盾中的制度也是毫无价值的。

第二种宗教的好在于把对神的崇拜和对法律的热爱结合在了一起,把祖国变成公民崇拜的对象,教导公民为祖国服务,就是为国家的守护神服务。这是一种神权政治,在这种体制下,我们不能拥有其他任何教主除了君主,不能拥有其他任何教士除了行政官员。于是为国捐躯成了殉教,违法成了亵渎宗教,让犯罪之人遭公众咒骂成了献给神的愤怒:让他被献给地狱般的神吧!

这种宗教坏在建立于谬误和谎言之上,它欺骗民众,令他们轻信、迷信、使对神的真正崇拜消散于无意义的仪式中。它的坏还体现在，当它变得唯我独尊变得专制的时候，也让人民变得残暴和排斥异己，以致人民只能通过杀人和屠杀来活着，令人们相信杀掉那个不接纳他们的神的人是一种神圣的行为。这让这样的民族和其他民族处于天然的战争状态，对自身安全也极其有害。

剩下的是人的宗教或曰基督教，但不是当今的基督教，而是福音书的基督教，它和当今的基督教完全不同。通过这种神圣的崇高的名副其实的宗教，人类，也是同一个上帝的子女，每个人都相互看作兄弟，把他们团结在一起的社会直到灭亡都不会解体。

但是这种宗教，和政治体没有任何特殊关系，让法律从自身获得唯一的力量而不赋予其他任何力量，一种特殊社会的重要纽带就不再起作用了。更有甚者，这种宗教远没能使民心依附于国家，还让民心远离国家，正如它们脱离于世上的一切那样。据我所知没有比这更有悖于社会精神的了。

有人告诉我们，一个真正的基督教徒民族将形成我们所能想象到的最完美的社会。我只看到这种假设成立的一个很大的难点：一个真正的基督教徒的社会将不再是一个人的社会。

我甚至要说这个假定的社会无论多么完美也都不会是最强大最持久的社会；正是由于这种完美，这个社会缺少连接；它的毁灭性的缺陷就暗含于完美之中。

每个人会履行自己的义务；人民会遵守法律，统治者会公正温和，官员正直廉洁，士兵不惧死亡，没有虚荣和奢侈；一切都好到极致；但是让我们继续往前看看。

基督教是一个完全精神上的宗教，只关注天堂的事情；基督教徒的祖国是不属于这个世界的。他们也履行他们的义务，这是事实，却带着对所付出成功与否的极大淡漠。只要基督教徒没有什么要自责的，世上的一切是好是坏都跟他们没有关系。如果国家繁荣昌盛，他们几乎不敢享有公众的洪福，他们生怕因国家的辉煌而扬扬得意；如果国家日趋衰落，他们会感恩压迫着人民的上帝之手。

为了让社会安定、让和谐持续，需要每位公民毫无例外地做同样的好基督教徒。但是如果不幸有了一位野心家，一位伪君子，一位喀提林式的人物，比如，一位克伦威尔式的人物，那他一定会轻易地从虔诚的同胞身上捞到好处。基督教徒的仁爱不会令其轻易地想到他人的坏。一旦他通过某种花招找到了欺骗同胞和攫取部分公共权力的手段，成了一个庄严神圣之人；上帝要我们去尊敬此人：这很快成为一种权力，上帝要我们服从此人。这种权力的行使者滥用权力的话，如同上帝用权杖责罚其子女。人们驱逐篡权者会感到良心不安；那样一定会扰乱公众的安宁，就会使用暴力，造成流血：这一切都与基督教徒的温和不相容，毕竟，在这苦难的山谷里自由也好奴隶也好，有什么关系？重要的是能去天堂，顺从只是达此目的的另一种手段。

如果突然发生对外战争，公民会真心诚意地投入战斗；没有一个人有逃跑的念头；他们在履行自己的义务，却没有夺取胜利的渴望；相比于战胜他们更能战死。他们战胜还是战败，有什么关系？上帝难道不比他们更清楚他们应该做什么吗？想象一下吧，一个高傲、冲动、狂热的敌人能从这些公民的淡薄坚忍中获得多少好处！把这些被对国家和荣耀的强烈热爱所吞噬的骁勇的人民摆在这些基督教公民对面，假定你们的基督教徒共和国面对着斯巴达或者罗马：那些虔诚的基督教徒还没来得及弄清楚就被打倒、被压碎、被歼灭，只有在敌人怀有对他们的蔑视下他们才能保住性命。费比乌斯的士兵的誓言在我看来是非常好的，他们并不是立誓战死或者战胜，而是立誓凯旋，他们做到了。从来没有基督教徒宣告过同样誓言，觉得这是在引诱上帝。

但是当我说出基督教共和国的时候，我就错了；"基督教"和"共和国"两个词互不相容。基督教只宣扬奴役和附属。它的精神极其有利于专制政治，以至于专制政治一直利用它。真正的基督教徒是生而为奴的，他们是知道的，却无动于衷；在他们眼中，这短促的一生几乎毫无价值。

有人对我们说，信奉基督教的军队是卓越的。我否认，让他们给我看看这样的军队。至于我，我根本不知道有这种基督教徒军队。有人给我举出十字军东征的例子。十字军骑士的英勇无须争论，我只会注意到，他们远非基督教徒，而是教士的士兵，教会的公民：他们只是为教会的精神之国而战，我们也不知道教会是如何把它世俗化的。正确领会了这一点，这得被归属于异教：由于福音书没有建立过一个民族宗教，在基督教徒中是不可能有圣战的。

在异教皇帝的统治下,基督教士兵是英勇的;所有基督教作家都肯定这一点,我也相信:这只是对抗异教军队的荣誉竞争。一旦皇帝也信奉了基督教,这种竞争就不复存在;当十字架驱逐了鹰,罗马的尚武精神也随之消散。

但是把政治考量放在一边,回到权利上来,让我们来在这一点上确定基本原则。社会契约赋予主权者统治臣民的权利,正如我之前所说,不能超出公共利益的界限[5]。臣民没有必要向主权者交代他们的观点,除非这些观点对整个群体都很重要。然而,每个公民要有一个让他热爱义务的宗教,这一点对国家来说非常重要;但是这个宗教的信条既无关国家也无关其成员,除非这些信条关乎道德和义务,并且信奉这种宗教的人必须对他人履行义务。除此之外,每个人都拥有他所喜欢的观点,无须主权者获悉:因为,既然主权者在这另一个世界毫无权限,无论臣民在来世的命运如何,都与他无关,只要他们在今世是好公民就行了。

这样就有一个纯粹的公民信仰宣言,宣言的条款应由主权者来规定,准确地说,并非像宗教教条那样,而像是些社交性的感情,没有这些感情无法成为一个好公民和一个忠心的臣民[6]。虽然不能要求任何人相信这些感情,主权者却能把不相信的人驱逐出境;驱逐的理由不是此人不信宗教,而是不爱社交,不能由衷地热爱法律热爱正义,不能在需要时能为尽义务献出生命。如果有人公开承认了这些信条后,行动中又表现出不相信的样子,应该处死；他犯了最大的罪，因为他在法律面前说了谎。

公民信仰的信条应当简洁，条目少，陈述简洁、无说明和注解。强大的、智慧的、乐善好施的、有远见的、未雨绸缪的上帝的存在，来世的生命，正直之人的幸福、对恶人的惩罚，社会契约和法律的神圣：这些是正面的信条。至于负面的信条，我把它们限定于一点，即不宽容：它归属于我们所排斥的那类宗教信仰。

在我看来，把世俗不宽容和神学的不宽容区别开来的人是弄错了。这两种不宽容是不可分的。我们不可能和那些我们认为入地狱的人们和平生活；爱这些人就是憎恨惩罚他们的上帝：他们要不被解救要不被折磨。凡是在神学的不宽容被接受的地方，这种不宽容不可能不产生某种世俗上的影响[7]；一旦有了这种影响，主权者就不再是主权者，世俗上的主权者也不是：从那时起，教士成了真正的主宰，国王成了他们的官吏。

现在再也没有同时也不可能再有排他性的民族宗教，我们要宽容每一种宽容其他宗教的宗教，只要它们的教条没有一点违背公民义务的地方。但是如果有人胆敢表示：教会之外无救恩，应该被驱逐出境，除非国家就是教会，统治者就是教主。这样的教条在神权政府下才是好的；在其他任何政府下都是有害的。这是人们说的亨利四世选择罗马宗教的原因，这个原因可能让所有正直善良的人特别是让善于思考的所有统治者离开罗马宗教。

1. "Nonne ea quae possidet Chamos deus tuus tibi jure debentur." 这是拉丁文圣经的原文。卡利埃尔神甫译为:"你们难道不相信你们有权占据你们的神卡莫斯所拥有的土地?"我无视希伯来文字的力量,但我发现在拉丁文圣经中耶弗他确实承认了神卡莫斯的权利,而法文译者弱化了这一承认,加入了拉丁文中没有的"据您看来"。

2. 极其明显的是,被称为"圣战"的弗凯亚人战争并不是宗教战争。它的目的是惩罚亵渎圣物的行为,而不是为了使无宗教信仰的人服从。

3. 应该注意到,像法国集会那样的把教士结合成一个整体的正式集会没有教会的教派多。教派和逐出教会是教士们的社会契约,通过契约他们将一直是人民和国王的主人。共同传布的所有教士都是同胞,就算是来自世界的两端。这一发明是政治上的杰作。在异教教士中从来没有类似的东西,因此从未形成教士群体。

4. 请看其中特别是格劳秀斯于1643年4月11日写给他兄弟的信,看看这位博学之人在《论公民》一书中赞成什么和指责什么。确实,他倾向于宽容,似乎觉得霍布斯考虑到恶而原谅善,但不是每个人都如此宽大。

5. 在共和国,达让森侯爵说,每个人是完全自由的,只要没有妨害到他人。这是不变的界限,不可能定义得更准确。我总是忍不住要引用这个手稿,尽管它并不为人所知,为了表达对纪念这样一位杰出的令人尊敬的人的敬意,他人在政府,心却是真正公民的心,对他祖国的政府有着公正合理的见解。

6. 在为喀提林辩护时,恺撒试图建立灵魂死亡的信条,加图和西塞罗为了驳倒他不浪费时间探讨哲理:他们仅限于表示恺撒的发言像一个坏公民,推动着一个有害于国家的教义。事实上,这才是罗马元老院应该的评价,而不是一个神学问题。

7. 比如婚姻,一个公民契约,如果没有民事效力,社会就无法存在。假定一个教士最终把订立契约的权力归于自己独有;在任何不宽容的宗教中必然会篡夺权力。因此,没有不清楚的,为了教会的权威行使这种权力,教士令统治者的权力无效,统治者不再拥有臣民,除非教士很想给他一些。支配着为人主持婚礼或不为人主持婚礼,根据他们将有或没有这种或那种教义,根据他们接受或拒绝这种或那种仪式,根据他们足够忠诚或不够忠诚,谨慎行事并坚持着,难道还不清楚,教士将独占遗产、公职、公民,甚至只由私生子构成才能存在的国家?但是有人会说,我们可以对如教会滥权提出上诉,可以传唤教会,对教会发出通谕、查封教会的财产。真可悲！教士只要有一点点，我不说有一点点勇气，哪怕一点点常识，他们都会听之任之，照常进行；他们会平静地等待被上诉、被传唤、接受通谕、被查封财产，最后以成为主宰而结束。在我看来，当有人确定能占有一切时，放弃一部分并不是多大的牺牲。

# 第九章
# 结语

在确定政治权利的真正原则并尝试过把国家建立在政治权利之上后,剩下的就是通过它的外部联系来支撑它;包括国际公法、商贸、战争法和征服,公法、同盟、谈判、条约等。这一切所形成的一个新对象大大超出了我短浅的目光:我还是把注意力一直集中在我触手可及之处好了。

## 附 录
## 卢梭生平年表

1712：6月28日，出生在法国一个新教徒家庭。他的母亲在他出生几天后就死了。他的父亲是一位生活得相当拮据的制表师。

1722：父亲养育了他10年后将他遗弃。卢梭从10岁开始，由他叔叔贝尔纳负责照顾，进入博塞的巴斯德·朗拜尔西埃寄宿学校。他和表兄弟们一起玩耍，拥抱大自然。这几年被他称为最快乐的时光。在一个专制雕刻师那里做过学徒。

1728：16岁时，卢梭逃离了日内瓦。在这最初的几年里，最美好的是在博塞的学习和生活，最糟糕的是在雕刻师那里的学徒生活，两者似乎接踵而来。

1731：卢梭与男爵夫人华伦夫人会面。她把卢梭送到都灵去做基督教教理者初学者。其信仰转向了天主教，但他一点儿也不喜欢新生活地点的气氛。《忏悔录》中描述的氛围几乎不讨收容所喜欢。他逃开了，和华伦夫人在尚贝里附近的夏尔梅特重聚，在那里他一直待到1742年。

卢梭欣赏大自然的魅力，在他的书中他把夏尔梅特描写成一个在法国文学中的象征性地点。华伦夫人负责给这位年轻人提供更好的教育。但是两人之间的关系较为暧昧。卢梭称这位大女儿已经13岁的女士为"妈妈"，这并不妨碍一种恋爱关系。

1742：让·雅克迈向探索巴黎之路，在那里他打算以成为一名音乐老师来留名。开始很困难，但他遇见了狄德罗，对他而言是非常有益的。他们都来自小资产阶级，卢梭一边授课，一边过着拮据的生活。不久，这些"末流作家"参加了百科全书的编纂工作，卢梭负责与音乐有关条目的编纂。在此期间，他与德毕内夫人产生了联系。

1745：他娶了一位名为泰雷兹·勒瓦瑟的洗衣女工，后来他们有了五个孩子，由于缺少足够的经济条件，这些孩子最后都被送到了政府援助机构。这种做法在当时相当普遍，却给卢梭带来了巨大的打击。

权力当局几乎没有赏识自由思想家的著作，狄德罗于1749年被囚禁。然而，卢梭在去拜访他的朋友的时候，正巧遇上第戎科学院的课题《论科学与艺术的复兴是否有助于使风俗日趋纯朴》。这对他来说是一次真正的顿悟。虽然他以前一直致力于音乐，但他现在对这个主题变得充满热情，并参加了这次征文比赛。他立刻开始在文森大街的一棵树下开始写作。

在他的答辩中，他展现了一个善良的人与生俱来的视野，但却因社会的进步和发展而腐化堕落。1750年7月，他获悉自己在比赛中以《论科学与艺术》获得头奖。在此后六个月内，他融入知识界并获得了公众的认可。

1755：卢梭撰写了他的第二部作品《论人类不平等的起源》，这部作品带来的轰动不亚于前作。然后，他从德毕内夫人那里获赠一座位于蒙特莫朗西森林中的房屋，幽静的乡间住所，离沙尔麦特城堡不远。在大自然中，他开始构思和创作三部伟大的作品：《爱弥儿》《社会契约论》《新爱洛绮丝》。但很快他认为自己受到德毕内夫人和所有在她家中接待的宾客的迫害，并于1757年12月离开了沙尔麦特城堡。

之后，他搬到了蒙特莫朗西，先是在村里，然后在卢森堡元帅的城堡里。他完成了《新爱洛绮丝》和《社会契约论》(1761)；这次轮到了《爱弥儿》，即将面世之时，议会禁止该书流通并命令逮捕作者。卢梭离开法国，在瑞士避难。他先后在伊韦尔东、莫提尔斯，在那里他穿成亚美尼亚人的样子，在比尔湖上的圣皮埃尔岛。他到处树敌。

1766：他去了英格兰，在那里他受到哲学家大卫·休谟的招待。但不久，二人便矛盾公开。他回到法国，先后居住于诺曼底、里昂等地，之后他重新搬回巴黎：他住在石膏窟路，现在这条街道以他的名字命名，他又开始临摹音乐。

1778：5月20日，他的一位崇拜者吉拉尔丹将他带到了位于埃默农维尔的城堡。1778年7月2日，让·雅克在这座城堡中死于中风。根据他的遗愿，人们将他葬在位于城堡公园中部的杨树岛上。

1794：他的遗体被运送到先贤祠。

版权专有　侵权必究

### 图书在版编目（CIP）数据

社会契约论 /（法）卢梭著；袁浩译 . —北京：北京理工大学出版社，2018.7（2018.12重印）

（启蒙运动三书）

ISBN 978-7-5682-5714-5

Ⅰ. ①社… Ⅱ. ①卢… ②袁… Ⅲ. ①政治哲学-法国-近代 Ⅳ. ①D095.654.1 ②B565.26

中国版本图书馆CIP数据核字（2018）第120156号

| | |
|---|---|
| 出版发行 | / 北京理工大学出版社有限责任公司 |
| 社　　址 | / 北京市海淀区中关村南大街5号 |
| 邮　　编 | / 100081 |
| 电　　话 | /（010）68914775（总编室） |
| | （010）82562903（教材售后服务热线） |
| | （010）68948351（其他图书服务热线） |
| 网　　址 | / http://www.bitpress.com.cn |
| 经　　销 | / 全国各地新华书店 |
| 印　　刷 | / 北京富达印务有限公司 |
| 开　　本 | / 850毫米 × 1168毫米　1/32 |
| 印　　张 | / 6.25 |
| 字　　数 | / 120千字 |
| 版　　次 | / 2018年8月第1版　2018年12月第2次印刷 |
| 定　　价 | / 38.00元 |

责任编辑 / 顾学云
文案编辑 / 朱　喜
责任校对 / 朱　喜
责任印制 / 李志强

图书出现印装质量问题，请拨打售后服务热线，本社负责调换